馬来西亞

真挚的亚洲

一个让人流连忘返的国家

闫立金 ◎ 著

五洲传播出版社

图书在版编目（CIP）数据

马来西亚，真挚的亚洲：一个让人流连忘返的国家 /
闫立金著 . -- 北京：五洲传播出版社，2025. 9.
ISBN 978-7-5085-5380-1

Ⅰ . K933.8

中国国家版本馆 CIP 数据核字第 2025KD6659 号

马来西亚，真挚的亚洲：一个让人流连忘返的国家

作　　者：闫立金
出 版 人：关　宏
责任编辑：宋博雅
助理编辑：李逸群
装帧设计：青心见画
出版发行：五洲传播出版社
地　　址：北京市海淀区北三环中路 31 号生产力大楼 B 座 6 层
邮　　编：100088
发行电话：010-82005927，010-82007837
网　　址：www.cicc.org.cn　www.thatsbooks.com
承　　印：北京圣彩虹科技有限公司
版　　次：2025 年 9 月第 1 版第 1 次印刷
开　　本：787 mm×1092 mm　1/16
印　　张：17.5
字　　数：192 千字
定　　价：58.00 元

▲ 位于霹雳怡保的打扪洞石洞壁画，距今已有两千年的历史

▲ 尼亚岩洞（Niah Cave）

▲ 椰浆饭（Nasi Lemak）

◀ 可巴雅（Kebaya）

▲ 马来西亚传统男装（Baju Melayu）

▲ 斯里·玛哈·马里安曼兴都庙（Sri Mahamariaman Temple）

国油双峰塔 ◀

▲ 兰卡威岛沙滩

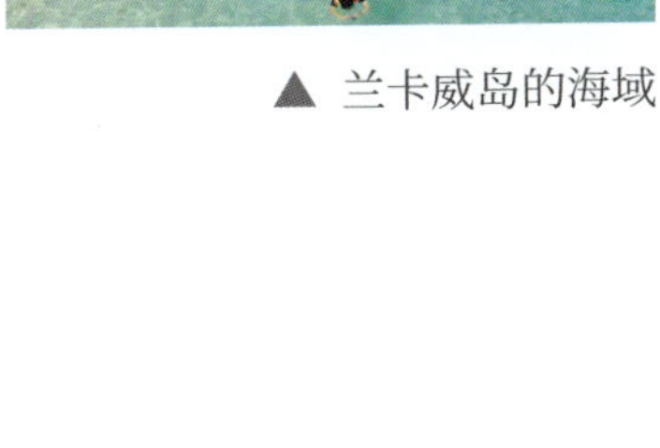

▲ 兰卡威岛的海域

▲ 兰卡威岛

▲ 基纳巴卢山的热带雨林

▲ 马来西亚的自然风光

▲ 马来貘

▲ 红毛猩猩

▲ 大汉山国家公园

◀ 椰浆饭

◀ 炒粿条

◀ 沙爹

印度煎饼 ▶

印度咖喱 ▶

▲ 马来西亚美食

序

文明之星：
一个你不舍得离开的国家
——马来西亚

  闫立金博士是一位在商界、学术界和国际关系领域都取得了杰出成就的重要人物。作为一名中国企业家和享有全球声誉的学者，他在促进中国与包括马来西亚在内的世界各国的关系中发挥了积极和重要的作用。多年来，他对马来西亚而言已不仅仅是一个盟友，更是一位真正的朋友。他对我们国家的价值观、文化和发展愿景的理解与认同，体现了他对马来西亚源自内心的喜爱，这一点我们非常珍视。

  闫立金博士在本书中为读者呈现出一个引人入胜的马来西亚：一个保留着丰富的生物多样性，成功完成多元文化融合，以及在传统与现代之间维持平衡的充满生机与活力的国家。书中描绘了马来西亚令人惊叹的自然景观，从茂密的热带雨林到宁静的海岸线，生物多样性与丰富的文化遗产在这里紧密交织。他的独特见解会令那些希望来马来西亚投资、学习和文化探索的人耳目一新，也会令那些喜欢马来西亚自然美景的人驻足流连。

马来西亚有句谚语"Tak kenal maka tak cinta",意思是"你不会爱上你不了解的东西"。闫立金博士通过本书折射出马来谚语中描述的情感,为中文读者指明对马来西亚认知的精髓——这是一个能够通过加深彼此理解和相互欣赏而建立牢固友谊的地方。正如中国古代伟大的思想家孔子所说:"知之者不如好之者,好之者不如乐之者。"(《论语·雍也》)对马来西亚的了解和认知之路与孔子描述的知之、好之、乐之三层境界并无差别,从被动了解风土人情,到主动探索人文历史,随着深入观察和思考而带来发自内心的喜爱和欣赏,最后就会像闫立金博士这样,主动为两国友谊之桥添砖加瓦。

马来西亚国家发展愿景的核心是"昌明大马",该理念植根于同情、正义和包容。正如闫博士在书中所指出的,马来西亚政府紧紧围绕该理念治国理政,不仅仅强调经济增长的重要性,而是要建设一个优先考虑可持续性、绿色能源和数字创新的和谐社会。

闫博士的思考也强调了马来西亚在"一带一路"倡议中的重要作用,以及本国作为东南亚经济增长、文化融合和绿色产业中心的独特地位。我们对数字转型的承诺以及在《区域全面经济伙伴关系协定》(RCEP)中的战略伙伴关系,使得马来西亚成为"文明之星"——将现代化进程与深厚的文化遗产有机融合的成功范例。

马来西亚欢迎来自各行各业的游客——寻求教育的学生、追求投资机会的商人以及被我们丰富的文化资源所吸引的旅行者。闫博士在本书中的观察与思考为中文读者打开了一扇透视马来西亚核心的窗户,展示出一个充满希望、进步和多样性的国家。

T.S. 艾略特曾经写道："我们不能停止探索，而我们所有探索的终点将是回到我们开始的地方，并第一次真正认识这个地方。"（《小吉丁》）随着马来西亚和中国之间的交流不断深化，如诗中描述，我们各自带着对彼此新的理解回到熟悉的地方，重新认识我们享有的共同价值观和文化遗产。带着这样的探索和思考，我们对彼此的了解和尊重会日久弥新，更能让我们携手探究"我们是谁"的永恒问题，为消除全球文化壁垒、宗教鸿沟、历史分歧打造新的模式。

马来西亚总理拿督斯里安瓦尔·易卜拉欣

布城，2024 年 9 月

前　言

　　在世界东方，有一片被热带阳光温柔拥抱的土地，那便是马来西亚。它不仅是自然风光的璀璨明珠，更是多元文化交融的炽热熔炉，散发着无尽魅力。

　　当我坐在吉隆坡星之宿（Star Residence）酒店顶层，身旁波光潋滟的泳池与手中金黄诱人的猫山王榴梿交相辉映。那一刻，我仿佛被整个国家的甜蜜与和谐紧紧包围。国油双峰塔在夜空中熠熠生辉，犹如守护这座城市的明亮灯塔，引领着每一位旅人迈向心灵的归宿。

　　马来西亚，这个名字本身就蕴含着无穷的魅力。它不仅仅是一个地理位置的标识，更是多元文明和谐共生的卓越典范。在这里，马来人的热忱、华人的勤勉、印度人的聪慧，以及众多其他族群的独特风情，共同编织成一幅绚丽多彩的画卷。这种超越种族、宗教和文化的融合，不仅塑造了马来西亚独特的国家品格，也使其成为探索人类文明多样性的绝佳舞台。

　　尽管正值七月盛夏，马来西亚的酷热却并未给我带来丝毫不适。相反，那轻轻拂过的微风，携着丝丝凉意，让人心生惬意。这里的一切都让人倍感亲切，仿佛回到了久违的家园。

每一次来到这里，我都能深刻体会到源自心底的安宁与满足。在这个国家，马来人、华人、印度人等多个族群在漫长的历史进程中，形成了各自别具一格的文化习俗。马来西亚政府通过实施一系列促进族群和谐的政策举措，如设立多元文化教育体系、鼓励跨族群交流与合作等，有力地维护了社会的稳定与繁荣。这种多元文化融合与文明共识，是马来西亚独特的灵魂之所在，展现了马来西亚人民在现代化进程中坚守传统价值、追求和谐共处的精神风貌，也是其吸引全球瞩目的重要原因。

"昌明大马"，是第十任马来西亚总理拿督丹斯里安瓦尔·易卜拉欣（Anwar Ibrahim）基于马来西亚的基因所提出的治国理政方略，为马来西亚的发展与文明注入了全新的动能、生机与活力。在"昌明大马"的引领下，马来西亚正以前所未有的姿态，在数字技术的驱动下，探寻并实践着人类价值文明的新范式——通过构建广泛的价值共识，降低社会熵增，实现国家的繁荣昌盛与人民的幸福安康。为此，马来西亚积极推进绿色能源、循环经济等环保产业的发展，强化社会治理创新，竭力消除社会不公与贫富差距；同时，积极参与国际合作，共同应对全球性挑战，如气候变化、公共卫生危机等。这些努力既是马来西亚自身发展的内在需求，也是对人类文明进步的重大贡献。

本书将引领您深入这个魅力四射的国度，从多元文化的融合到传统与现代的交响，从经济的蓬勃发展到国际合作的广阔舞台，全方位、多视角地展现马来西亚的独特魅力。

通过阅读本书,读者不仅能够深入了解马来西亚的文明与多元文化,更能感受到这片土地上人们的热情、智慧与勇气。我们坚信,每一个对马来西亚感兴趣的人,都能在这本书中找到属于自己的答案与启示。

让我们一同踏上这段探索马来西亚文明的精彩旅程,去感受这片土地的独特魅力,感受"昌明大马"引领下马来西亚的今日与明日,领略这个真实而美好的文明国度。

目 录

第二部分
枢纽崛起

第一部分

文明基因解码

马来西亚位于东南亚，地处热带，拥有得天独厚的自然环境。独特的地理位置使其成为连接东西方的重要桥梁。此外，马来西亚还拥有丰富的自然资源和生物多样性，这些都为其文明的发展提供了坚实的基础。

马来西亚，其英语名称为"Malaysia"，通常被简称为"大马"，是一个实行君主立宪联邦制的国家。马来西亚首都为吉隆坡，联邦政府行政中心则在布特拉加亚（布城）。该国全国划分为13个州以及3个联邦直辖区，总面积约达33万平方公里。马来西亚国土被南海分隔成东西两部分，即马来半岛南部（西马）与加里曼丹岛北部（东马）。2023年，马来西亚人口达3370万，其中马来人占70%，华人占22.7%，印度人占6.6%，其他种族占0.7%。在公元初期，马来半岛上存有羯荼、狼牙修等古老国度。15世纪初，以马六甲为核心的满剌加王国统一了马来半岛的大部分地区。16世纪起，马来西亚先后被葡萄牙、荷兰、英国占领。到20世纪初，它完全沦为英国殖民地。加里曼丹岛的沙捞越和沙巴在历史上曾隶属于文莱，1888年两地沦为英国保护地。二战期间，马来半岛、沙捞越和沙巴被日本侵占。战后，英国再度恢复对其殖民统治。1957年8月31日，马来亚联合邦宣布独立。1963年9月16日，马来亚联合邦与新加坡、沙捞越、沙巴合并组成马来西亚，不过在1965年8月9日，新加坡退出。马来西亚是一个多民族的国家，官方宗教为伊斯兰教。马来西亚经济在20世纪90年代实现迅猛发展，成为亚洲四小虎之一，如今已跃升为亚洲地区备受瞩目的多元化新兴工业国家以及世界新兴市场经济体。马来西亚实施马来族和原住民优先的"新经济政策"（NEP）。依据马来西亚国家银行的数据，2023年其国内生产总值约为3300亿至3400亿美元，在东盟（ASEAN）十国中位居第六。人均国内生产总值约为 1.2 万美元。

马来西亚的魅力源自多元文化的和谐交融与深厚的价值文明。这个地处东南亚的国度，不仅以秀美的自然风光和稳固的社会秩序著称，更因其丰富的传统文化底蕴和多元现代文化的完美融合而独树一帜。在这里，不同的文化元素相互渗透、相互融合，谱写独特的文化乐章。这种文化交融并非无序的混杂，而是在相互尊重与深刻理解的基础上，共同追求和平与发展的美好愿景。马来西亚政府对多元文化的开放与包容，以及对各族群间交流与融合的积极推动，缔造了一个和睦共处的社会环境。

在这样的文化背景下，"昌明大马"理念应运而生，成为引领国家发展的核心思想。这一理念致力于构建一个和谐、昌盛、进步的社会，它强调对多元文化的尊重、对共同价值的追求，以及对包容性发展的倡导。这不仅是马来西亚社会发展的指南针，更是其"价值文明"的生动体现。在"昌明大马"的引领下，马来西亚政府积极推动文化交流与融合，不断创新社会治理方式，努力促进经济的均衡发展，为社会和谐稳定打下坚实基础。

马来西亚的文化与社会融合，在全球视野下展现出了独特的魅力和广阔的发展潜力。其文明的独特性和包容性不仅为马来西亚人民带来福祉和进步，也为全球文明的发展增添新的活力和动力。

第一章

文明的摇篮：
马来西亚的文明足迹

马来西亚的历史源远流长，可追溯到公元初期，其间经历多个王朝的兴衰更迭及外来势力的影响和侵占。然而，无论历史如何变迁，马来西亚人民始终坚守着自身的文化传统，并在不断的发展中，形成了今天既独特又多元的文化，古老的传统与现代文明在这里交相辉映。

一、远古的回响：史前时期的印记

在浩瀚的历史长河中，马来半岛与婆罗洲这片广袤的土地，被茂密的热带雨林和纵横交错的河流所覆盖，自古以来便是人类文明的发源地之一。远古时期的回响，如同深埋地下的种子，历经岁月的洗礼与滋养，逐渐生根发芽，绽放出独特的文化光芒。

（一）史前时期的地理环境

史前时期的马来半岛与婆罗洲，构成了东南亚地区独特的地理环境。

马来半岛，作为东南亚的一部分，北接泰国，南临新加坡海峡，东临南海，西濒印度洋安达曼海，其独特的地理位置为史前人类的生存与繁衍提供了得天独厚的自然条件。婆罗洲，又称加里曼丹岛，是世界上第三大岛屿，位于东南亚的中心地带，由马来西亚的沙巴和沙捞越两州、文莱以及印度尼西亚的加里曼丹省共同管辖。这片岛屿拥有茂密的热带雨林、广阔的沼泽地以及丰富的自然资源，为史前人类提供了丰富的食物来源和生存空间。

（二）洞穴壁画：史前人类的艺术瑰宝

在马来半岛与婆罗洲的崇山峻岭之中，隐藏着众多充满神秘色彩的洞穴。这些洞穴不仅是史前人类遮风避雨的居所，更是他们表达情感、记录生活的艺术殿堂。洞穴壁画，作为史前时期最为直观的艺术形式之一，以其非凡的魅力，吸引着众多考古学家和艺术爱好者的深切关注。

在马来西亚沙捞越州，有一处著名的洞穴——尼亚洞穴（Niah Cave），这里发现了世界上最为古老的洞穴壁画之一。这些壁画以红色、黑色和白色为主色调，描绘了史前人类狩猎、采集、舞蹈的场景以及动物形象。壁画中的动物形象栩栩如生，既有早已灭绝的猛犸象、犀牛等大型哺乳动物，也有鹿、野猪等至今仍活跃在森林中的动物。这些壁画不仅展示了史前人类高超的绘画技艺，更揭示了他们与自然界之间的紧密联系，以及他们在长期实践中积累的生存智慧。

（三）石器文化：工具制造技术的演进

石器文化，作为史前时期人类文明的重要标志之一，见证了人类从依赖自然到改造自然的伟大跨越。在马来半岛与婆罗洲地区，考古学家们发现了大量石器时代的遗址和遗物，这些石器工具种类繁多、形态各异，展现了史前人类在不同时期、不同环境下的生存策略和智慧。

早期的石器工具多为简单的打制石器，如砍砸器、刮削器等，这些工具制作简易、功能单一，主要用于采集果实、挖掘根茎以及基础的狩猎活动。随着时间的推移，史前人类逐渐掌握了磨制石器的技术，制作出了更加精细和实用的石器工具，如石刀、石斧、石锛等。这些工具的出现极大地提高了史前人类的劳动效率和生活质量，为他们向更高层次的文明形态迈进奠定了坚实的基础。

（四）原始农业与畜牧业的萌芽

在史前时期，马来半岛与婆罗洲地区的自然环境为原始农业与畜牧业的萌芽提供了有利条件。随着人口的增长和生存需求的增加，史前人类开始尝试种植作物和驯养动物以满足日益增长的食物需求。

在原始农业领域，史前人类利用热带雨林中的肥沃土壤和充沛雨水种植了水稻、薯类等作物。这些作物不仅丰富了史前人类的食谱还为他们提供了稳定的食物来源。同时，他们还学会了利用火耕、轮作等耕作技术提高土地利用率和作物产量。

在畜牧业方面，史前人类逐渐驯化了野猪、鹿等野生动物，将其作为家畜进行饲养。这些家畜不仅为他们提供了肉类食品，还提供了皮革、骨器等生活资料。畜牧业的兴起促进了史前人类生产力的发展，也为他们向更高级别的社会组织形态演进提供了物质基础。

（五）社会组织的初步形成

随着生产力的提高和人口的增长，史前人类的社会组织也逐渐从原始的群居生活向更加复杂的社会形态转变。考古学家们在马来半岛与婆罗洲地区发现了许多史前时期的聚落遗址，尽管规模各异，但都展示了史前人类社会组织初步构建的迹象。

在这些聚落中，史前人类开始形成基于血缘关系的氏族组织。氏族成员共同劳动、共享劳动成果，并携手抵御外来侵袭。此外，随着交流的增多和文化的融合，不同氏族之间也开始出现联盟和对抗并存的局面。氏族组织的出现，增强了史前人类的凝聚力和战斗力，还为他们向更高级别的社会组织形态迈进提供了组织保障。

总之，远古时期的马来半岛与婆罗洲地区是史前人类文明的摇篮之一。在这里，洞穴壁画、石器文化、原始农业与畜牧业的萌芽以及社会组织的初步构建与演变，共同构成了史前时期丰富多彩的文化图景。这些文化遗产不仅揭示了史前人类与自然界的紧密联系和生存智慧，更为我们理解人类文明的起源和演进提供了宝贵的线索和启示。

二、历史的蜕变：马来西亚的转折点

马来西亚的历史轨迹，从古老的马来王朝，到英国的殖民统治，再到争取独立的曲折道路，以及最终联邦的成立与初期发展，每一个历史阶段都深刻地塑造了马来西亚社会的整体面貌与特质。

（一）英国殖民时期的统治与影响

马来西亚的早期历史深受英国的殖民统治的影响。19 世纪中叶，随着工业革命的浪潮，英国为了拓展其贸易版图和影响力，开始向东南亚地区扩张。后来，马来西亚成为英国的殖民地。在英国的殖民统治下，马来西亚的经济、政治和社会结构都发生了深刻的变化。

英国人引进现代化的农业和矿业技术，虽然在一定程度上推动了马来西亚经济的迅速增长，但这种增长往往是以牺牲当地人民的利益为代价的。英国殖民者掌控了马来西亚的经济命脉，大肆掠夺资源，导致当地人民的生活水平普遍下滑。除了经济上的剥削，英国还试图在文化上同化马来西亚人民。他们推广西方教育，建立西式学校，以培养符合其利益的人才。然而，这种文化侵略并未摧毁马来西亚的传统文化，反而激发了马来西亚人民的民族意识，为后来的独立运动埋下了伏笔。

（二）独立运动的艰辛历程

面对英国的殖民统治，马来西亚人民并未屈服。他们深知，只有争取到国家的独立，才能真正摆脱被剥削的命运。于是，一场场波澜壮阔的独立运动在马来西亚大地上兴起。

独立运动的初期，马来西亚人民主要采取了和平请愿的方式，向英国政府递交请愿书，要求获得更大的自治权。然而，这些请愿往往石沉大海，未能得到实质性的回应。

随着时间的推移，马来西亚人民逐渐认识到，只有通过武装斗争，才能实现国家的独立。于是，一些勇敢的志士开始组织武装力量，与英国殖民者展开了殊死的搏斗。这场独立运动充满了艰辛和牺牲，但正是他们的英勇奋斗，为马来西亚赢得了宝贵的独立。

（三）马来西亚联邦的成立与初期发展

经过长期的斗争，马来西亚终于在1957年赢得了独立。独立后的马来西亚面临着诸多挑战，但同时也迎来了一个充满机遇的新时代。

为了加强国家的团结和发展，马来西亚决定成立一个联邦制国家。

这一决定得到了各族群的广泛支持，也为马来西亚的未来发展奠定了基础。联邦政府的成立不仅整合了各方资源，还加强了民族团结。政府积极推动经济建设，充分利用马来西亚的资源优势，大力发展出口产业。橡胶、棕榈油和锡矿等产业迅速崛起，为国家积累了大量的财富。

在进行经济建设的同时，马来西亚也注重社会领域的发展。政府加大了对教育、医疗等公共服务的投入，提高了国民的整体素质和生活水平。此外，马来西亚还积极推动文化事业的发展，保护和传承了本国的传统文化。

（四）历史转折对马来西亚社会的深远影响

历史的转折对马来西亚社会的塑造作用是深远的。首先，英国殖民时期的统治激发了马来西亚人民的民族意识，他们更加珍视和传承自己的文化、历史和传统。其次，独立运动的艰辛历程磨炼了马来西亚人民的意志和品质。他们在斗争中学会了团结、勇敢和坚韧不拔的精神，这些品质在后来的国家建设和发展中发挥了重要作用。最后，马来西亚联邦的成立与初期发展为国家的繁荣奠定了基础。联邦政府的有效治理和各族群的共同努力使得马来西亚在短时间内实现了经济的腾飞和社会的进步。

回顾马来西亚的历史转折，我们可以看到每一个阶段都充满了挑战与机遇。从英国殖民时期的压迫与反抗，到独立运动的艰辛斗争，再到联邦的成立与国家的初步发展，每一个阶段都塑造了今天的马来西亚——一个充满活力、多元并蓄的国家。

三、族群的交融：多元文化的起源

（一）族群迁徙：多元文化的汇聚

在马来半岛这片古老而充满活力的地域，不同族群的迁徙与融合绘制了一幅丰富多彩的文化图景。马来人、华人、印度人以及诸多其他少数民族，各自承载着独特的文化基因，在这片土地上相遇、互动、融合，共同塑造了马来西亚独特而多元的文化面貌。

马来人作为马来半岛的原住民之一，其历史可以追溯到远古时期。他们沿海而居，以狩猎和采集为生，后逐渐转向农耕文化。随着时间的推移，马来人不断向内陆迁徙，形成了多个部落和王国，并在此过程中发展出了自己的语言、宗教、艺术和社会习俗。马来人的传统艺术、音乐和舞蹈等文化至今仍是马来西亚文化生活中的关键部分。马来文化作为马来西亚的根基和灵魂，深深植根于悠久的历史与传统之中。

华人的迁徙历史则与古代的各个朝代紧密相连，但大规模迁徙至马来半岛主要发生在近代。19世纪中叶以后，大量华人为了逃避战乱、寻找生计而漂洋过海来到马来半岛。他们带来了先进的农耕技术、商业理念和文化传统，对马来西亚的经济社会发展产生了重要影响。华人社区内的庙宇、宗祠、学校等建筑和机构，成为传承和弘扬中华文化的重要载体。华人在保留中华文化的精髓的同时，也将其与本地文化相融合，创造出了独具特色的"南洋文化"。

印度人迁徙至马来半岛同样具有悠久的历史。早在古代，印度商人就通过海上丝绸之路与东南亚地区进行贸易往来，其中部分印度人选择定居于此。随着英国殖民统治的到来，更多的印度劳工被招募到马来半岛从事种植园和铁路建设等工作。这些印度人主要来自南印度地区，带来了印度教、伊斯兰教和锡克教等宗教信仰以及丰富的印度文化传统。印度人的迁入，丰富了马来西亚的艺术和建筑风格，印度教的神庙和雕塑成为马来西亚文化景观中的一道亮丽风景线。同时，印度人也在饮食、服饰、音乐、舞蹈等方面对马来西亚文化产生了影响。例如，印度风味的咖喱菜肴在马来西亚广受欢迎；印度风格的服饰和装饰品也成了马来西亚多元文化的重要组成部分。除了马来人、华人和印度人之外，马来半岛还居住着众多其他少数民族，如原住民部落、印度尼西亚移民后裔等。这些民族各自拥有独特的文化传统和生活习俗，在迁徙至马来半岛后也逐渐融入当地社会，进一步丰富了马来西亚的文化多样性，促进了不同文化之间的交流与融合。

马来西亚的人口结构，如同一个五彩斑斓的调色盘。马来人作为这片土地上的原住民，他们的文化深植于热带雨林与浩瀚海洋的怀抱中，以淳朴的民风、丰富的节庆和独特的传统习俗而闻名。华人作为马来西亚社会的重要支柱之一，将中华文明的深厚底蕴广泛传播，从儒家思想到书法绘画，从传统节日到饮食文化，无一不深深影响着马来西亚的社会生活。印度人则以其独特的宗教信仰体系、精美的手工艺品和充满活力的音乐舞蹈艺术，为马来西亚的文化多样性增添了浓墨重彩的一笔。此外，在沙巴和沙捞越地区，伊班人、卡达山人和巴瑶人等原住民群体也以其别具一格的文化习俗和世代相传的生存智慧，丰富了马来西亚的文化宝库。这些不同种族在马来半岛的相遇，并非简单的地理上的聚合，而是伴随着深刻的文化交流与融合。在历史的长河中，他们相互学习、相互借鉴，一起推动了马来西亚文化的形成与发展，在深层次上影响了马来西亚人的思维方式、价值观念乃至整个社会结构，形成马来西亚多元文化融合的特征。

宗教方面，和谐共存。马来西亚多元宗教文化交相辉映，不仅体现了马来西亚人民对不同信仰的尊重与包容，也促进了不同宗教文化之间的交流与融合。

舞蹈方面，不同民族的舞蹈艺术共同演绎出一场场精彩绝伦的文化盛宴。马来传统舞蹈如"加美兰"以其独特的节奏和动作展现了马来文化的韵味；华人舞狮则以其威武雄壮、气势磅礴的表演风格赢得了广泛的赞誉；印度卡塔克舞则以其灵活多变的舞步和精湛的表演技巧展现了印度文化的魅力。

音乐方面，充满多元文化的元素。马来传统乐器如甘榜鼓、竹笛等与华人南音、印度西塔琴等乐器相互融合，创造出许多具有独特风格的音乐作品。这些音乐作品不仅保留了各自民族的传统特色，又融入了新的创意和元素，展现了马来西亚音乐文化的与时俱进、不断创新的发展态势。

绘画方面，马来西亚的画家们也在不断探索和实践多元文化的融合与创新。他们巧妙地运用色彩、线条和构图等艺术语言，将不同民族的文化元素融入作品中，创造出了一幅幅既具本土特色又不失国际视野的艺术佳作。这些作品不仅展示了马来西亚多元文化的魅力，也为世界艺术宝库增添了新的光彩。

社会习俗方面，也同样体现了多元文化的深刻影响。在日常生活中，马来西亚人注重礼仪与尊重，这种传统观念在节日庆典、婚丧嫁娶等场合体现得尤为明显。无论是马来人的开斋节（Hari Raya Aidilfitri）、华人的春节还是印度人的屠妖节（Deepavali），这些节日都成为不同民族之间相互了解、增进友谊的桥梁。

此外，马来西亚的饮食文化也是多元文化融合的生动写照。从马来风味的椰浆饭、沙爹到中华美食的炒粿条、海南鸡饭再到印度风味的咖喱面、印度煎饼等，这些美食不仅满足了人们的味蕾享受，也展现了马来西亚多元文化的独特魅力。在马来西亚的街头巷尾，你可以品尝到来自世界各地的美食佳肴，感受到不同文化在味蕾上的交流与融合。

综上所述，马来西亚的多元文化融合体现在各个方面，在深层次上塑造了马来西亚独特的文化身份和社会环境。在这里，不同种族、宗教和文化相互尊重、和谐共生，共同编织出一幅绚丽多彩的文化图景。

（二）多元融合：文化创新的热土

在多元文化的滋养下，马来西亚成为一个文化创新的热土。不同文化之间的碰撞与交融，激发了马来西亚人民无限的创造力和想象力。无论是文学创作、电影制作，还是时尚设计、科技创新，马来西亚在各个领域都展现出了独特的风格和魅力。

在文学领域，马来西亚作家们将不同文化的元素融入作品中，创造出具有深刻内涵和广泛影响力的文学作品。他们通过细腻的笔触和独特的视角，展现了马来西亚社会的多元面貌和人民的内心世界，为世界文学贡献了新的声音和视角。

在电影领域，近年来，马来西亚电影以其独特的题材选择、精湛的制作技艺和深刻的主题内涵赢得了国内外观众的广泛赞誉。这些电影不仅展现了马来西亚多元文化的魅力，也反映了马来西亚社会的现实问题和人民的精神追求。

在时尚设计和科技创新方面，马来西亚也展现出了强大的实力和潜力。设计师们巧妙地将传统文化元素与现代设计理念相结合，创造出既具民族特色又符合国际潮流的时尚产品。科技工作者们则不断探索新技术、新应用，为马来西亚的经济社会发展注入了新的动力。

在服饰方面，传统服饰是马来西亚多元文化的重要体现。巴迪衫作为马来西亚的传统服饰之一，以其独特的图案和设计深受人们喜爱。纱笼则是一种轻便舒适的围裙式服装，在马来西亚的乡村地区尤为常见。这些传统服饰不仅展示了马来西亚人民的审美与追求，更是对悠久历史与文化传统的珍贵传承与弘扬。

在民间艺术领域，木雕、蜡染等传统手工艺技艺精湛且独具匠心。这些艺术品不仅具有观赏价值，更承载着深厚的历史文化底蕴。

在非物质文化遗产方面，马来西亚的传统舞蹈、音乐和手工艺等都得到了国际社会的认可和保护。政府鼓励并支持艺术家们对传统艺术进行创新性发展，使得这些非物质文化遗产在新的时代背景下焕发出新的生命力。例如，传统舞蹈与现代舞元素的融合、民族音乐与流行音乐的碰撞等都为观众带来了耳目一新的艺术体验。马来西亚政府及社会各界高度重视文化遗产的保护和传承工作并为此付出了巨大努力，在古迹修复方面取得了显著成果。吉隆坡的国家清真寺、马六甲的历史城区等标志性文化古迹都得到了精心的维护和修复，重现往日的辉煌。它们是马来西亚历史变迁的见证者，也吸引了全球游客的目光，成为热门的旅游目的地。

此外，马来西亚的多元文化融合还体现在其社会的包容性上。在这里，不同种族、宗教和文化背景的人们相互尊重、相互理解、相互支持，共同构建了一个和谐稳定的社会环境。政府和社会各界也致力于促进不同文化之间的交流与融合，加强文化多样性的保护和传承。在教育领域，马来西亚政府实施了多元文化教育政策，鼓励学校开设不同文化的课程和活动，让学生们在了解和学习自己文化的同时，也能接触到其他文化的精髓和特色。这种教育模式不仅有助于培养学生的跨文化交流能力，也促进了不同文化之间的理解和尊重。在社会治理方面，马来西亚政府注重保障少数民族的权益和利益，通过制定相关法律和政策来维护他们的平等地位和合法权益。同时，政府也鼓励不同民族之间的交流和合作，促进经济社会的共同发展。

马来西亚还积极参与国际文化交流与合作，通过举办各种文化活动和艺术展览等方式向世界展示其多元文化的独特魅力。这种开放包容的态度使得马来西亚的文明不断焕发新的活力并走向世界舞台的中央。

第二章

文明的绚丽：
传统与现代融合的画卷

一、传统文化的多彩画卷：传承与创新的起点

（一）马来文化：深厚的底蕴与多元的魅力

马来文化，这一承载着千年历史与传统的文化瑰宝，以其丰富多彩的元素和深厚的底蕴，吸引着世界各地的目光。从典雅的传统服饰到令人垂涎的饮食文化，再到虔诚的宗教信仰和欢乐的节庆习俗，马来文化在每一个细节中都流露出其独特的魅力。

1. 传统服饰：典雅与时尚的结合

马来族的传统服饰，以其典雅的设计和精湛的工艺，成为马来文化中的一大亮点。这些服饰不仅是一种装扮，更是身份、地位和文化的象征。

对于马来男性而言，Baju Melayu 是最具代表性的传统服饰。这款长袖、宽松的上衣，通常采用轻柔透气的面料制成，穿着起来既舒适又彰显气质。其设计简约而不失典雅，色彩多以素色或简单的图案为主，

体现出马来男性的谦逊与内敛。而在一些重要的社交场合，如婚礼、庆典或宗教仪式中，他们会选择更为华丽的 Baju Melayu，以彰显自己的身份和地位。

相对于男性的服饰，马来女性的传统装扮则更加精美与细致。可巴雅（Kebaya）是她们的传统上衣，通常由轻薄透气的面料制成，上面绣有精美的图案或蕾丝装饰，展现出马来女性的温婉与典雅。此外，她们还会搭配亮丽的头巾和长裙，打造出一种独特的东方韵味。这种传统服饰不仅在日常生活中受到女性的喜爱，更在节庆日、婚礼等特殊场合中成为她们的首选装扮。

值得一提的是，在时代的滚滚洪流中，马来传统服饰犹如一颗璀璨的明珠，不断绽放出新的光彩。现代的设计师们以灵动之思，巧妙地将传统元素与现代时尚相融合，精心设计出众多新颖奇巧、别具一格的服饰款式。这些服饰，既如岁月沉淀的瑰宝，保留着那份传统的韵味，又似灵动的艺术杰作，融入了现代审美的精妙元素，从而使得马来传统服饰宛如重获新生，焕发出蓬勃的生机与活力。

2. 饮食文化：味蕾的盛宴与文化的交融

马来饮食文化恰似一场令人陶醉的味蕾盛宴，你能够尽情品尝到各种口味独特、风味殊异的美食佳肴。这些美味蕴含着马来文化深厚的底蕴以及多元交融的独特魅力。每一道美食，都仿佛是一个文化的使者，诉说着马来大地的故事，传递着这片土地上人们的情感与智慧。它们不仅仅是满足口腹之欲的食物，更是马来文化的生动体现，是历史与现代、传统与创新交织的结晶。

椰浆饭（Nasi Lemak）作为马来西亚的国菜，可谓是家喻户晓。

这道美食以椰奶煮的米饭为主食，搭配炸鱼、黄瓜片、花生和辣酱等配料，口感丰富多样，令人回味无穷。而马来香辣炖牛肉（Rendang）则是一道用椰奶和香料慢炖的牛肉干咖喱，其醇厚的口感和浓郁的香气让人欲罢不能。此外，叻沙又称喇沙（Laksa）也是一道备受喜爱的马来美食，这款面条汤以鱼片和浓郁的咖喱汤底为特色，再搭配上各种蔬菜和调料，呈现出一种独特的东南亚风味。

除了这些经典菜品外，马来的饮食文化还融合了多种外来元素。例如，在印度文化的影响下，马来饮食中出现了许多咖喱口味的菜品；而中华文化的烹饪技艺，如炒菜与炖品，也为马来饮食增添了新的风味与层次。这种多元文化的交融使得马来的饮食文化更加丰富多彩，满足了不同人群的口味需求。

在品尝这些美食的过程中，我们不仅可以感受到马来人民对食材的敬畏与热爱，还能领略到他们对烹饪艺术的精湛技艺和无穷创意。这种独特的饮食文化也成了吸引游客的重要因素之一，让人们在品尝美食的同时，深刻感受到马来饮食文化的深厚底蕴与无限新意。

3. 宗教文化：精神的寄托与心灵的慰藉

在马来文化中，宗教占据着举足轻重的地位。伊斯兰教作为马来人的主要信仰之一，深深影响着他们的精神世界和日常生活。清真寺的悠扬宣礼声和虔诚的祈祷声是马来社会中不可或缺的音符。

马来人通过祈祷、斋戒等方式来表达对信仰的虔诚与敬畏。伊斯兰教所倡导的和平、宽容与仁爱等理念深深烙印在马来人的心灵深处，成为他们为人处世的重要准则。

除了伊斯兰教外，马来西亚还包容着其他宗教信仰如佛教、基督教等，体现了马来文化的包容性与多元性特点。在马来西亚的街头巷尾，你可以看到不同宗教的建筑和信徒们虔诚的身影，共同构成了一幅和谐相融、多元共生的多元宗教国家的社会画卷。

4. 节庆习俗：欢乐的庆典与文化血脉的延续

马来的节庆活动丰富多彩且各具特色，是文化传承的重要载体和展示平台。其中最具代表性的莫过于开斋节和卫塞节等重大节日了。

开斋节是伊斯兰教的重大节日之一，也是马来人最为重要的庆典之一。在这一天，人们会穿上新衣服，互赠礼物并共享美食佳肴来庆祝这一盛大节日。家庭成员们团聚在一起共进晚餐，并分享彼此的故事与喜悦之情。此外，还有各种文化活动和表演如歌舞、戏剧等供人们欣赏和参与其中，共同庆祝这一美好时光。

而卫塞节则是佛教徒们的重要节日之一，在马来西亚也受到了广泛的尊重和参与。在这一天，佛教徒们会前往寺庙进行祈祷和冥想，并献上供品以表达对佛祖的敬意与感激之情。同时还有各种庆祝活动和法会供信众们参加，共同感受佛教文化的博大精深。

除了这些重大节日，马来文化中还有许多其他的节庆活动，如庆祝丰收的丰收节、纪念渔民辛勤的渔民节等，每一个节日都有其独特的庆祝方式和文化内涵。这些节庆活动不仅是人们放松身心、享受生活的时刻，更是文化传承和弘扬的重要机会。节庆期间，你可以看到马来人民穿着传统服饰，载歌载舞，展示他们的才艺和热情。这些活动不仅激发了当地人的文化自豪感，也吸引了世界各地的游客前来体验与探索，共同见证着马来文化血脉的延续与繁荣。

（二）华人文化：中华文化在马来西亚的传承与贡献

在马来西亚这片多元文化的土地上，华人文化历经岁月的洗礼，依旧光彩夺目。它不仅是中华传统文化在海外的延续，更与马来西亚本土文化相互交融，为马来西亚的多元文化格局增添了独特而绚丽的色彩。

马来西亚的华人社团种类繁多，涵盖宗亲会、同乡会、商会、校友会等，这些社团以血缘和地域为纽带，将华人紧密联系在一起。宗亲会让同宗同源的华人能够寻根问祖、缅怀先辈，传承家族文化传统和价值观；同乡会则为来自同一故乡的华人提供交流互助平台，让他们在异国他乡也能感受到家乡的温暖。商会和校友会等在经济、教育等领域发挥重要作用，促进华人之间的商业合作与学术交流。例如，马来西亚中华总商会在推动中马经贸合作方面积极作为，为华人企业发展创造良好条件。

华文教育在马来西亚华人文化传承中占据核心地位。从小学到中学乃至大学，完整的华文教育体系为华人子弟提供系统学习中华文化的机会。许多华文学校不仅教授中文知识，还注重培养学生对中华文化的认同感和自豪感。学校的校名、班名、校训以及社团活动等都蕴含丰富的中华文化元素。同时，各种与中华文化相关的社团如华乐团、相声社、醒狮团、二十四节令鼓队、武术团等蓬勃发展，丰富了学生的课余生活，让他们在实践中更深入地感受中华文化的魅力。随着中国经济的崛起和国际影响力的提高，越来越多的非华裔学生也选择进入华文学校就读，这不仅促进了中华文化在马来西亚的传播，也为不同族群之间的交流与融合搭建了桥梁。

华文媒体是马来西亚华人获取新闻资讯的重要渠道，也是信息传播与文化坚守的阵地。《星洲日报》《南洋商报》《东方日报》等华文媒体，不仅及时报道国内外重大事件，还积极传播中华文化，为华人社区营造浓厚的文化氛围。通过华文媒体，华人能够了解家乡的发展变化、中华文化的最新动态以及全球华人的奋斗故事，增强对中华文化的归属感。同时，华文媒体也成为华人表达自己观点和诉求的平台，在维护华人权益、促进华人社会发展等方面发挥重要作用。

华人带来的中华传统文化丰富了马来西亚的文化多样性。华人的传统节日和传统艺术形式在马来西亚都得到广泛庆祝和传承，为马来西亚人民带来美的享受。同时，华人文化与马来文化、印度文化等相互融合，产生许多新的文化形式和艺术作品，为马来西亚的文化创新和发展注入新的活力。例如，马来西亚的峇峇娘惹文化就是华人与马来人通婚融合后形成的独特文化，它在服饰、饮食、建筑等方面都体现了中华文化与马来文化的融合之美。

华人文化在马来西亚同样展现出了诸多的创新与发展之处。二十四节令鼓，乃是马来西亚华人在中华文化深厚根基之上绽放出的璀璨创新之花。它巧妙地融合了二十四节气的自然韵律、书法的灵动神韵以及广东狮鼓的雄浑气势等诸多元素，进而锻造出一种全新的鼓乐表演形式。此种鼓乐表演不但具有震撼人心的强烈节奏感和令人惊叹的视觉冲击力，更蕴含着极为丰富的文化内涵。它犹如一座文化的丰碑，深刻体现了华人对自然规律的敬畏尊崇以及对生活的炽热热爱。2009 年，二十四节令鼓荣耀地成为马来西亚国家非物质文化遗产，而后犹如一颗文化的火种，逐渐传播至中国、新加坡、印度尼西亚、泰国、澳大利亚等多个国家和地区。它还登上杭州亚运会开幕式的宏大舞台，受到了广泛的关注与深深的喜爱，成为连接不同国家和民族文化的绚丽纽带。

高桩舞狮也是马来西亚华人文化创新的代表之一。它在传统舞狮的基础上，增加了高桩表演的难度和技巧，展现了华人的勇敢和智慧。高桩舞狮需要表演者具备高超的技艺和默契的配合，他们在高桩上灵活地跳跃、翻腾，表演各种惊险刺激的动作，令人叹为观止。2007年，高桩舞狮成为马来西亚国家非物质文化遗产，成为马来西亚民俗文化的重要组成部分。如今，高桩舞狮不仅在马来西亚的重大节日和庆典活动中频繁亮相，还走出国门，在国际舞台上展示着马来西亚华人文化的独特魅力。

在马来西亚，华人与马来裔、印度裔等其他族群友好相处，中华文化与其他族群文化相互融合、借鉴，衍生出独具特色的文化习俗。例如，受华人春节"送红包"习俗的影响，马来裔和印度裔分别在传统节日开斋节、屠妖节兴起了"送绿包""送紫包"的习俗。这不仅体现了不同文化之间的交流与互动，也增进了各族群之间的理解和友谊。近年来，兰州拉面、霸王茶姬等中国品牌餐饮在非华裔消费群体中大受欢迎，这表明中华文化正在以更加多元化的方式融入马来西亚社会，得到更广泛的了解和认可。

华人在马来西亚的经济发展历程中，犹如熠熠生辉的星辰，发挥着至关重要的作用。早期的华人移民，凭借着坚韧不拔的勤劳品质与非凡卓越的智慧，在多个行业领域中披荆斩棘，取得了令人瞩目的显著成就，为马来西亚的经济基础建设立下汗马功劳。时至今日，华人在各个领域皆占据着举足轻重的地位，众多知名的企业家和商业领袖如雨后春笋般涌现。他们所经营的企业，宛如推动经济巨轮前行的强大引擎，不仅为马来西亚创造了大量的就业机会，带来了丰厚的税收收入，更犹如一股强劲的东风，有力地推动了马来西亚的产业升级以及经济多元化发展，为这片热土带来了勃勃生机与无限希望。

华人积极参与马来西亚的社会公益事业，为社会的和谐稳定作出贡献。他们捐赠资金、设立奖学金、修建公共设施，推动社会的发展和进步。在马来西亚的一些偏远地区，华人社团和慈善机构经常组织义诊、义教等活动，为当地居民提供医疗和教育服务。此外，华人还积极参与社区建设和志愿服务，促进不同族群之间的交流与合作，增进社会的凝聚力和向心力。

马来西亚的华人文化，宛如中华传统文化在海外熠熠生辉的瑰宝。它一方面虔诚地传承着中华文化的深邃精髓，恰似怀揣着一份珍贵的传承之礼，悉心呵护，唯恐有半分损减；另一方面，又在马来西亚这片充满活力的土地上悄然生根、蓬勃发芽、绚烂开花、丰硕结果。在与其他族群文化的邂逅中，华人文化以其包容之态，相互交融，携手共同发展，犹如一幅多彩的画卷，展现出和谐共生的美妙景象。华人文化，不仅仅为马来西亚的经济发展注入强劲动力，为社会进步增添坚实基石，为文化繁荣绘就绚丽色彩，更成为中马两国之间友谊的坚实桥梁与紧密纽带。随着全球化的浪潮不断深入奔涌，马来西亚的华人文化必将继续绽放其独特的魅力与蓬勃的活力。坚信只要华人社会齐心协力、众志成城，以创新之思、发展之力不断雕琢和升华华人文化，就必定能让华人文化在马来西亚这片深情的土地上绽放出更为璀璨夺目的光彩。与此同时，中马两国也一定会持续加强文化交流与合作，共同推动中华文化在海外的传承与发展，为世界文化的多样性与繁荣贡献力量。这无疑将极大地增进两国人民之间的深厚友谊和深刻理解，为人类文明的宏伟进程书写更加壮丽的篇章。

（三）印度文化：印度族群的生活与文化全景探析

在马来西亚，印度族群主要由早期迁移至此的劳工及其后代构成，他们已深深扎根于这片土地。在日常生活中，印度族群与其他族群和谐共处，共同构建了马来西亚多元文化的社会景象。他们在各个领域，尤其是种植业、建筑业和服务业中，都作出了显著的贡献。

走进马来西亚的印度族群聚居区，你会被这里独特的生活氛围所吸引。街头巷尾弥漫着印度香料和咖喱的香气，这是他们饮食习惯的独特印记。印度餐馆随处可见，提供各种地道的印度美食，如咖喱鸡、香料饭等，深受当地人喜爱。

在教育方面，印度族群也积极融入马来西亚的教育体系，同时保留自己的文化传统。许多印度家庭会让孩子接受多语言教育，既学习英语、马来语，也不忘本民族的语言和文化，以此确保印度文化的代代相传。

印度教寺庙是马来西亚印度文化的重要载体。这些寺庙建筑风格独特，多采用富丽堂皇的雕刻和彩绘装饰，展现出印度建筑的瑰丽与神秘。例如，建于 1873 年的斯里·玛哈·马里安曼兴都庙（Sri Mahamariaman Temple），是马来西亚最大、最华丽的印度寺庙，内部的雕刻、塑金和手绘图案无不彰显着印度文化的深厚底蕴。寺庙不仅是信徒们进行宗教活动的地方，更是社交和文化交流的平台。在寺庙内，信徒们虔诚地祈祷、冥想，寻求内心的平静与智慧。而在寺庙外，各种文化活动和庆典也频繁举行，如婚礼、节日庆祝等，这些都极大地丰富了马来西亚的文化生活。

提到印度传统服饰，人们首先想到的便是纱丽。这种由长布料制成的服饰，色彩鲜艳、图案精美，充分展现了印度文化的绚丽与多彩。在马来西亚的印度族群中，纱丽依然是女性最爱的服饰之一。无论是在日常生活中还是在重要场合，你都能看到身着纱丽的印度女性，优雅而自信地走在街头巷尾。除了纱丽外，印度男性的传统服饰也同样引人注目。长袍、头巾等服饰元素不仅体现了印度文化的庄重与神秘，更彰显了印度族群对传统文化的坚守与传承。

舞蹈是印度文化的重要组成部分，而在马来西亚的印度族群中，这一传统得到了很好的保留与发展。卡塔克舞（Kathak）、彭戈拉（Bhangra）等舞蹈形式在这里广受欢迎。这些舞蹈以其独特的手势、脚步和面部表情表达了印度文化的深邃与韵味。在各种文化活动和庆典中，你都能看到印度族群的舞蹈表演。舞者们身着华丽的服饰，随着音乐起舞，将观众带入一个神秘而迷人的印度世界。这些舞蹈表演不仅展示了印度文化的独特魅力，也促进了马来西亚多元文化的交流与融合。

屠妖节是印度族群在马来西亚庆祝的重要节日之一。在这一天，信徒们会进行大扫除、点亮彩灯、燃放烟花爆竹等活动以驱赶邪恶并迎接光明。此外还有各种庆祝活动如歌舞表演、美食盛宴等让更多的人了解和欣赏印度文化。这些节庆活动增强印度族群的凝聚力和归属感同时，也促进马来西亚多元文化的交流与融合。除了屠妖节，印度族群在马来西亚还会庆祝其他重要的节日如大宝森节等。这些节日都是展示印度文化独特魅力的重要时刻也是马来西亚多元文化的重要组成部分。

除了丰富的文化贡献外，印度族群还在马来西亚的经济发展中发挥着重要作用。许多印度人在商业、金融、医疗和教育等领域取得了显著的成就。此外，印度族群还积极参与社会公益事业，积极参与慈善活动，用实际行动传递着爱与温暖，为马来西亚社会的和谐发展作出了贡献。

总之，从庄严肃穆的印度教寺庙到绚烂多彩的传统服饰，从灵动曼妙的舞蹈艺术到热闹非凡的节庆活动，无不展示了印度文化的深厚底蕴和独特魅力。印度族群用自己的努力和智慧，在马来西亚的经济发展和社会公益事业中也作出了重要贡献。

（四）其他少数民族文化：原住民及其他少数族群的独特风采

马来西亚的多元文化特性，不仅体现在马来族、华族和印度族三大族群之间，更在原住民及其他少数族群中得到了淋漓尽致的展现。这些族群，各自保留着鲜明的文化标识，共同绘就了马来西亚文化多样性的壮丽画卷。

伊班族，又称"海达雅克人"，是马来西亚最大的原住民族群，占沙捞越人口的约 30%。他们以森林为家，被誉为"森林之子"，居于河流两岸或沿海地带。传统上，伊班族以种植旱稻和打猎为生，他们的种稻方式独特，通常选择山坡丛林，用火焚烧森林以取得天然肥料，然后耕种。

卡达山族，主要分布在沙巴西海岸和内陆地区，是沙巴最大的原住民族群，占沙巴人口的三分之一。他们以农业为生，主要种植水稻和旱稻，同时也涉及狩猎和商业活动。这种以农业为主的生活方式，塑造了卡达山族勤劳、朴实的民族性格。

加央族，作为乌鲁人中最大的一支，加央族以木匠艺术和勇猛的武士精神著称。他们的木雕和木刻艺术独具匠心，作品精美绝伦，是马来西亚文化遗产的重要组成部分。

而被称为"海上吉普赛人"的巴瑶沙玛族，以潜水、捕鱼为生。他们生活在海上，展示了人类与海洋和谐共生的独特文化。他们敬畏海洋，依赖海洋，同时也保护着海洋，这种与自然界的深厚联系，为马来西亚的文化增添了一抹神秘而独特的色彩。

马来西亚文化的多样性，得益于各族群之间的和谐共处与互相尊重。在保留传统文化的同时，这些族群积极融入马来西亚的多元文化环境之中。这种文化的多样性和包容性，不仅体现在各族群的传统节日、艺术形式和宗教信仰上，更渗透在他们的日常生活中。在马来西亚的街头巷尾，你可以听到各种语言的交流声，看到不同族群的服饰和美食，感受到各种文化的交融与碰撞。

未来，随着全球化的深入发展和文化交流融合的日益加速，马来西亚的多元文化各族群之间的文化交流与融合也将更加深入，必将迎来繁荣的发展。我们满怀期待，渴望见证这些独特文化在传承中不断创新，焕发新的生机。同时，我们深知尊重和保护文化遗产的重要性。它们是连接过去与未来的桥梁，是族群身份与记忆的载体。因此，我们必须采取积极措施，确保这些珍贵的文化遗产得以世代相传，繁荣发展。

二、传承与创新：现代马来文化的演变

在现代社会中，马来西亚的传统文化正经历着深刻的转变，既保持了其独特的文化魅力，又不断适应并融入现代生活的洪流。从传统节庆活动的商业化运作、文化产品的创新设计，到传统艺术的现代表达，

再到政府和社会各界的保护措施，以及传统文化与现代科技的深度融合，马来西亚传统文化在现代社会中展现出丰富多彩的传承路径与发展态势。

传统节庆活动的商业化运作及其影响构成了马来西亚传承中一个引人注目的现象。马来西亚的传统节庆活动，作为文化精髓的生动体现，随着时代的变迁，逐渐被商业化元素所渗透。以春节为例，如今在马来西亚，这一节日已超越了家庭团聚的单一意义，转变为一个集亲情、文化与商业于一体的综合性庆典。各大商场和超市纷纷借势推出春节主题的促销活动，琳琅满目的节日商品更是层出不穷，极大地丰富了节日的市场氛围，并为商家带来了可观的经济回报。然而，商业化运作也带来了一些争议。一方面，它确实为传统文化的传播提供了更广阔的舞台，让更多人有机会了解和体验传统文化的魅力。但另一方面，过度的商业化也可能冲淡传统文化的原始韵味，甚至导致一些传统习俗在商业化浪潮中逐渐变形甚至消失。因此，如何在商业化运作中保持传统文化的本真性和纯粹性，防止其被过度消费和扭曲，确保其在现代社会的可持续发展，是一个值得深思的问题。

文化产品的创新设计与市场机遇在马来西亚展现出了勃勃生机。随着消费者对文化产品需求的日益多样化，马来西亚的传统文化产品也在不断创新中焕发新生。以传统手工艺品为例，通过融入现代设计元素和新材料，这些手工艺品不仅保留了传统文化的精髓，还更加符合现代审美和实用需求。这种创新设计为传统文化产品开拓了更为广阔的市场空间，也为其传承和发展拓宽了道路。

除了手工艺品，传统服饰与食品等领域也在创新中不断发展。例如，传统娘惹服饰通过融入现代时尚元素，成为时尚界的宠儿；传统美食则通过现代化的烹饪技术和包装方式，让更多人有机会品尝到这些美味。

传统艺术的现代表达与受众拓展是推动传统文化传承与创新发展的重要途径。然而，在快速变化的现代社会中，如何让这些传统艺术以新的姿态吸引更多观众呢？答案在于现代表达方式的探索和应用。通过将传统艺术与现代舞蹈、音乐、戏剧等多元素相融合，传统艺术得以以全新的面貌呈现在观众面前。例如传统舞蹈与现代舞蹈的融合，创造出了既具有深厚文化底蕴又富有现代感染力的舞蹈作品，这些作品在舞台上大放异彩。同样，传统音乐通过与流行音乐元素的巧妙结合，形成了更具传播力和吸引力的音乐作品。

为了保护和传承传统文化，马来西亚政府和社会各界采取了多种措施并取得了显著的成效。政府设立了文化遗产保护机构，投入大量资金用于传统文化的保护和修复工作；定期举办各种文化节庆活动，为传统文化的展示和传播提供了重要平台；积极推动传统文化进校园、进社区等活动让更多人了解和体验传统文化的魅力。同时，社会各界也积极参与传统文化的保护和传承工作。非营利组织和志愿者团体会定期举办传统文化讲座和展览等活动，许多企业和个人也投身于传统文化产品的开发和推广工作中。这些措施不仅提高了公众对传统文化的认知和兴趣，也为传统文化的传承和发展作出了积极贡献。然而，保护措施的实施也面临着一些挑战和问题，例如，如何平衡商业化和保持传统文化本真性，如何吸引更多年轻人关注和参与传统文化等。这需要政府和社会各界共同努力不断探索和完善保护措施，以确保传统文化的可持续发展。

传统文化的延续与传承与现代科技的深度融合密不可分。数字化记录与展示技术的应用，使得传统文化的保存和传播更加便捷和高效。如今，人们只需轻点鼠标或滑动屏幕，就能通过互联网轻松访问并欣赏马来西亚丰富多彩的传统文化艺术。数字化技术不仅为传统文化的保存提供了更为安全、持久的方案，还为其创新发展开辟了新路径，激发了无限可能。社交媒体等新媒体平台也已成为传统文化传播的重要渠道。微博等社交媒体平台让马来西亚的传统文化能够跨越地域界限，迅速传播至全球各个角落。这种跨地域、跨文化的传播模式，不仅显著增强了传统文化的国际影响力，还为其传承与发展带来了前所未有的机遇与挑战。虚拟现实（VR）技术的引入，更是为传统文化的体验方式带来了革命性的变化。借助 VR 技术，人们可以身临其境地走进马来西亚的传统文化与历史场景之中，获得一种前所未有的沉浸式体验。这种生动有趣的体验方式，不仅让传统文化更加贴近年轻观众，还成功吸引了更多人对传统文化的兴趣与关注。

随着全球化的加速推进，马来西亚传统文化的国际交流与合作也日益频繁，有力促进其传承与发展。马来西亚政府积极参与国际文化交流活动，申报世界文化遗产、参与国际艺术节等，向全世界展示马来西亚的传统文化。同时，政府大力倡导并支持民间文化机构与外国文化机构的交流合作，共同策划举办文化展览、艺术演出等活动，促进文化互鉴与融合。

马来西亚传统文化的传承与发展是一个长期而复杂的过程，需要政府、社会各界以及每个人的共同努力。通过商业化运作、创新设计、现代表达、保护措施以及国际交流与合作等多维度的策略，我们可以更好地传承和发展马来西亚的传统文化，让其在现代社会中焕发出新的生机与活力。我们期待马来西亚的传统文化能够在保持其独特魅力的同时，不断与时俱进，融入更多现代元素，实现传统与现代的和谐共生，成为连接东西方、沟通古今的文化桥梁。同时，我们也希望更多的人能够了解和欣赏马来西亚的传统文化，让其在全球范围内得到更广泛的传播与认同。

三、多元文化在社会生活中的和谐共生

马来西亚的多元文化和谐共生，为社会的和谐与健康发展奠定了坚实的基础。不同文化之间的相互尊重、相互包容，促进了不同民族之间的友谊和团结，为马来西亚的经济、社会和文化发展带来了新的活力和机遇。不同民族的人们共同生活在一个和谐的社会环境中，相互尊重、相互关爱，共同维护着社会的稳定和和谐。

在政治体系中，马来西亚高度重视文化融合，政府通过一系列政策和法律保障不同民族的权益，推动社会和谐。马来西亚是一个以"和谐共生"为核心的多元社会，政府通过设立各民族代表的政治机制，确保各族群在政治上的平等地位。例如，马来西亚的国会由马来人、华人、印度人等不同民族的代表共同组成，确保所有民族的声音和利益都得到体现和保护。

在经济方面，多元文化的融合促进了不同民族之间的商业合作和经济发展。不同民族的商人相互合作，共同经营着各种企业，为马来西亚的经济发展作出了巨大的贡献。同时，多元文化也为马来西亚的旅游业带来了丰富的资源，吸引了大量的游客前来旅游，促进了当地经济的发展。

在教育方面，许多学校中不同民族的学生共同学习、一起玩耍，彼此之间的互动增进了对不同文化的理解和尊重。为了帮助学生了解和尊重多元文化，马来西亚的学校通常会开设语言课程、文化课程以及节日庆典等活动。例如，学校不仅会教授马来语、中文和泰米尔语，还会组织跨文化交流活动，让学生们在轻松愉快的氛围中了解各民族的传统习俗、历史背景以及文化艺术。通过这些课程和活动，学生们不仅学到知识，还学会如何在多元文化环境中与他人友好相处，培养了跨文化沟通的能力。这种教育模式有助于构建一个具有和谐氛围的社会，使得不同民族的孩子从小便能树立多元文化的观念，减少种族偏见与冲突。

在社区生活中，社区成员在节庆、公益活动、运动会等场合中共同参与，增进了彼此之间的理解与友谊。例如，马来人、华人和印度人都会参与庆祝对方的传统节日，如马来人庆祝开斋节，华人庆祝农历新年，印度人庆祝屠妖节。这些节庆不仅是文化的展示，也是社区成员互动与交流的机会。

在公益慈善活动中，不同民族的人们会联合起来，共同为贫困群体或弱势群体提供帮助。例如，马来西亚的多个慈善机构和非政府组织会举办跨民族的筹款活动，华人和印度裔的商人、社会活动家和志愿者们积极参与其中。通过这些活动，社区成员不仅增强了彼此之间的情感联系，也在帮助他人的过程中形成了更加紧密的社会纽带。

在马来西亚的许多家庭中，文化融合表现得尤为生动。尤其是在跨民族婚姻家庭中，不同族群的成员共同生活、共同育儿，形成了独特的家庭文化。例如，一个马来家庭中可能会有华人或印度裔的亲戚，家庭成员之间不仅在日常生活中互相关爱，还会在传统节日、饮食习惯等方面互相学习与包容。这种家庭模式不仅促进了不同文化的交流，也为子女提供了更加多元的文化教育，让他们从小便能接触到多种语言、宗教与习俗，培养出具有全球视野与跨文化适应能力的新一代。在这样的家庭环境中，孩子们不仅能学习母语，还能接触到其他民族的语言，懂得尊重和欣赏他人的文化背景。这种多元文化的家庭生活让马来西亚成为一个拥有深厚文化底蕴的国家，同时也让社会的整体包容性和适应力得到了加强。

可见，马来西亚通过教育、媒体、公共服务等多种渠道，倡导民族团结与文化理解，打破种族隔阂，推动社会的平等与共同进步。这促进了国家的稳定与发展，也为全球其他多民族国家提供了宝贵的经验。

四、现代与传统的形象交汇：城市面貌

近年来，马来西亚在现代化进程中取得了显著的成就，其城市面貌深刻变化，不仅彰显了国家的经济实力和发展潜力，更体现了对传统文化的尊重和保护。马来西亚主要城市的现代化面貌，正是文化精髓与现代城市规划理念和谐共生的典范。

（一）基础设施与现代化建筑蓬勃发展

随着马来西亚经济的蓬勃发展，民众的生活品质实现了质的飞跃。城市基础设施日益完备，高楼大厦鳞次栉比。城市化无疑是现代化进程中的关键标志。在马来西亚，城市基础建设持续推进，城市人口规模不断扩大，城市化水平稳步提升。

高楼大厦崛起：随着马来西亚经济的快速增长，吉隆坡、槟城等城

市的天际线被一座座巍峨的高楼大厦所点缀。其中，吉隆坡的国油双峰塔以 452 米的高度，成为吉隆坡乃至马来西亚的标志性建筑。这座摩天大楼于 1998 年完工，曾是全球最高的建筑之一，如今依然屹立在吉隆坡市中心，见证这座城市的现代化进程。

购物中心兴起：购物中心在马来西亚城市中扮演着重要角色，它们不仅是购物的场所，更是社交和娱乐的天堂。购物中心集购物、餐饮、娱乐于一体，为市民提供了一站式的生活体验。在吉隆坡，像金三角区这样的繁华商业区，汇聚了众多国际品牌的旗舰店，吸引了大量国内外游客前来购物和观光。

现代交通网络构建：为了应对日益增长的交通需求，马来西亚政府大力发展现代交通网络。在吉隆坡，轻轨系统（LRT）和单轨列车（Monorail）等公共交通设施的建设，极大地便利了市民的出行。此外，高速公路和城市道路的不断完善，也使得城市交通更加顺畅和高效。

（二）城市规划中注重文化融合与保护

历史街区的保护与更新：在马来西亚的城市规划中非常重视对历史街区的保护。政府通过制定严格的保护政策，确保这些具有历史价值的建筑和街区得到妥善保护。同时，为了适应现代城市发展的需求，政府还对这些街区进行了合理的更新和改造，使其在保留历史风貌的同时，也能满足现代生活的需要。

以槟城的乔治市为例，这里保存了大量古老的建筑和文化遗产。政府通过修复和保护这些建筑，使得乔治市成为一个充满历史韵味的旅游景点。游客们可以在这里感受到马来西亚深厚的历史文化底蕴。

文化地标的建设：为了彰显马来西亚的文化特色，政府在城市规划中注重文化地标的建设。吉隆坡的独立广场等文化地标，见证了马来西亚的历史变迁。

（三）现代化城市中展现多元文化氛围

多元文化的交融：马来西亚是一个多元文化的国家，这一点在其现代化城市中得到了充分的体现。在吉隆坡、槟城等城市，不同族群的居民和谐共处，共同创造了多元而充满活力的城市生活。从马来传统建筑到现代高楼大厦，从马来菜到华人菜肴、印度咖喱等美食，都展现了马来西亚的多元文化魅力。

多元文化的社会活动：马来西亚的多元文化还体现在各种社会活动中。无论是马来人的传统节日庆祝活动，还是华人的春节庙会、印度人的屠妖节等，这些活动都在城市中得到了广泛的开展和传承。

（四）现代化进程中挑战与展望并存

尽管马来西亚在现代化进程中取得了举世瞩目的成绩，但如何在快速发展的同时保护传统文化和历史遗产是一个重要的问题。此外，随着城市化进程的加速推进，如何合理规划城市空间、优化城市交通等也成了亟待解决的问题。

根据马来西亚的未来战略发展规划，马来西亚将继续推进现代化进程，并致力于追求一个更加包容和可持续发展的城市空间。通过加强城市规划的科学性与前瞻性、全面提升基础设施水平，以及促进多元文化交融等措施，马来西亚的城市必将焕发出更加璀璨的光芒，逐步确立其在东南亚乃至全球的重要地位。在此过程中，马来西亚也将不遗余力地保护和传承其深厚的文化遗产，确保传统文化在现代化进程中得以延续，并展现出独特的时代魅力。

综上所述，马来西亚的现代化城市面貌是多方面因素综合作用的结果。高楼大厦和现代化基础设施的建设展现了国家的经济实力和发展速度，在城市规划中对历史街区的保护和更新以及文化地标的打造体现了对传统文化的尊重和保护，而城市中多元文化的交融则彰显了马来西亚作为一个多元文化国家的独特魅力。面向未来，马来西亚将继续在保护传统文化的基础上推进现代化进程，实现更加全面、包容和可持续的发展。

五、繁荣之基：科技与经济的蓬勃发展

近年来，马来西亚在科技创新领域取得了显著成就，高科技产业如雨后春笋般涌现，科研机构星罗棋布，创新政策更是如春风化雨般滋润着这片土地上的每一个创新者与企业家。

（一）科技创新引领经济转型

马来西亚的电子、信息技术和生物科技等高科技产业不仅在国内市场占据领先地位，更在国际舞台上展现出强大的竞争力。这些产业的快速发展，不仅提升了马来西亚的经济实力，更为其带来了全球影响力。

马来西亚政府高度重视科研投入，建立了多个国家级科研机构和实验室，这些机构在基础科学研究和应用技术开发方面取得了显著成果，为国家的科技创新奠定了坚实支撑。马来西亚科学院等科研机构，在生物科技、材料科学等领域取得了多项突破性成果，为国家科技创新提供了坚实的基础。

为了鼓励科技创新，马来西亚政府制定了一系列创新政策，如提供科研资金支持、减免税收、保护知识产权等。这些政策有效激发了企业和个人的创新热情，推动了科技创新的蓬勃发展。同时，马来西亚还积极与国际社会开展科技合作与交流，借鉴先进技术和经验，提升自身科技创新能力。

在全球化的背景下，马来西亚面临着产业结构调整和升级的压力。然而，科技创新的引入为这一进程带来新的机遇。通过科技创新，马来西亚传统制造业在新技术、新工艺的推动下，实现了生产过程的自动化、智能化，生产效率和产品质量得到大幅提升。同时，新兴产业如电子信息、生物科技等迅速崛起，成为马来西亚经济的新增长点。

（二）科技创新与传统产业和谐共生

政府和企业深刻认识到，传统产业是国家的宝贵财富，而科技创新则是推动其现代化转型的关键力量。

马来西亚积极利用现代科技改造传统手工艺。马来西亚拥有丰富的手工艺传统，如蜡染、木雕等，然而，传统手工艺面临着生产效率低、市场竞争力弱等问题。为了解决这个问题，政府和企业积极引入现代科技，如计算机辅助设计、3D 打印等，对传统手工艺进行改造和升级。这不仅提高了生产效率和市场竞争力，还保留了传统手工艺的独特魅力和文化内涵。

智慧农业的发展则是科技创新与传统产业融合的一个生动例证。马来西亚农业资源丰富，但传统农业长期面临着资源利用效率低、环境污染等问题。为了解决这个问题，政府和企业积极推广智慧农业技术，通过智能化管理、精准施肥等技术手段提高农业资源的利用效率并降低环境污染，实现马来西亚农业的可持续发展。

尽管马来西亚在科技创新领域举措得力，成就显著，而且成功推动了经济的转型与升级，但仍有很长的路要走。为了保持科技创新的持续动力，马来西亚需要继续加大科研投入，优化创新政策，培养创新人才，并积极探索科技创新与传统产业的深度融合之路。

科研投入是科技创新的基石。马来西亚需要继续增加对科研机构和企业的资金支持，鼓励更多的科研人员投身科技创新事业。同时，政府还应优化科研资源的配置，确保科研项目的有效实施和科技成果的顺利转化。

创新政策的优化也是关键。马来西亚需要进一步完善创新政策体系，为科技创新提供更好的制度保障。例如，政府可以加大对创新企业的税收减免力度，降低企业创新成本；同时，还应加强知识产权保护，激发企业和个人的创新热情。

培养创新人才是马来西亚科技创新事业的长久之策。政府当大力增加对教育领域的投入，全力提升教育质量，培育出更多兼具创新精神与实践能力的优秀人才。除此之外，应积极鼓励企业与高校、科研机构携手合作，共同致力于创新人才的培养，为马来西亚的科技创新事业注入源源不断的活力与动力。

展望未来，马来西亚在科技创新与经济繁荣的道路上仍具有广阔的发展前景。随着全球科技创新的不断发展和马来西亚自身实力的不断提升，我们有理由相信，马来西亚将在未来的发展中继续书写科技创新与经济繁荣的壮丽篇章。

六、传统与现代交融：马来西亚的成功之道与未来愿景

在时代的浪潮中，马来西亚从曾经的传统国度逐步迈向充满活力、勇于创新的现代化国家。

全球化浪潮于马来西亚而言，恰似一场波澜壮阔的风云际会，既呈现了璀璨夺目的机遇，亦抛下了艰巨严峻的挑战。在追求经济发展的过程中，马来西亚需要精心平衡经济增长与文化传承之间的关系。从机遇的角度看，全球化宛如一扇宏伟的大门，为马来西亚敞开了通往世界的广阔通途。它使其得以在经济的广袤版图、科技的璀璨星空以及文化的绚丽画卷中，与全球深度交融。马来西亚借此契机，能跻身全球产业链与贸易体系，广纳外资，引入先进技术，从而推动经济如骏马奔腾般快速前行。在文化交流领域，亦能采撷世界各国的文化瑰宝，为自身文化注入新的活力与内涵。然而，在挑战一方，伴随全球化的汹涌浪潮，西方文化似汹涌潮水般奔涌而入，这无疑给马来西亚的传统文化带来冲击。传统的价值观、古老的风俗习惯以及独具魅力的艺术形式，皆面临着被边缘化的困境。部分年轻人或许会过度痴迷于西方文化，从而对本土传统文化缺乏应有的认知与传承之心，导致文化传承的断层。

在追求现代化的道路上，马来西亚始终珍视自己的传统文化。它努力在现代化与传统之间探寻最佳平衡点，致力于实现传统与现代的和谐共存。在坚守传统文化的同时，马来西亚积极汲取现代文明的精髓。通过传统与现代的双向互动，马来西亚在现代化进程中实现了传统文化的保护与现代文明的吸收的有机结合。一方面，深厚的传统文化为马来西

亚提供了独特的文化身份和精神支柱，增强了民族凝聚力和文化自信；另一方面，现代文明的引入为马来西亚带来了经济社会的快速发展和国际地位的提升。这种既保持传统又拥抱现代的策略，使马来西亚在全球化浪潮中既保持了文化特色，又实现了现代化转型，成为一个兼具传统韵味与现代活力的国家。

面对全球化这场风云际会带来的挑战与机遇，马来西亚当在坚守自身文化特色的基石之上，以积极之态融入全球发展的浩瀚潮流。可通过强化文化教育，提升国民对传统文化的认同感与自豪感，同时以开放之胸怀接纳外来文化，促使本土文化与外来文化巧妙融合，进而在全球化的滔滔浪潮中，踏出一条独具马来西亚特色的辉煌发展之路。

在漫长的历史长河中，每一个时期的社会都在不懈地探索传统与现代的关系，寻找两者之间的完美平衡点。马来西亚作为一个多元文化、多元宗教的国家，无疑为我们提供了一个生动的范例。马来西亚的成功并不在于简单地保留传统或盲目地追求现代，而在于找到了传统与现代之间的和谐共生之道。传统与现代并不是一对矛盾的对立面，而是可以相互融合、共同发展的。

展望未来，马来西亚将继续在坚守多元文化特色的同时推动社会的持续进步与全面繁荣，为世界文明的繁荣与进步贡献更多的智慧和力量。而马来文明的融合之光也将继续照耀着这片美丽的土地，见证其不断前行的坚定步伐和辉煌成就。

第三章

文明的璀璨：
昌明大马

　　《昌明大马》是马来西亚第十任总理安瓦尔·易卜拉欣的权威之作，该理念已被确立为安瓦尔总理领导下的马来西亚政府的治国理政理念方针。在《昌明大马》一书中，安瓦尔指出："我们的愿景是建立一个基于关怀与慈悲、相互尊重、创新、信任、包容和平等，并可持续繁荣的马来西亚——最终目的就是一个公正的马来西亚。""昌明大马"这一治国理念不仅代表了马来西亚政府对于未来国家发展的美好愿景，更是"价值文明"在马来西亚社会的生动体现，更体现了对人类价值文明新范式的深入探索。

　　如今，国际竞争不断加剧，资源有限性日益凸显，环境可持续性问题迫在眉睫，社会多元融合更是对国家发展提出了全新要求。对于马来西亚而言，如何在保持经济持续增长的同时，实现社会公平正义、推动文化传承创新以及加强环境保护，已成为亟待解决的关键问题。

  "昌明大马"旨在通过价值共识的建立，推动社会和谐与进步。面对国内复杂的种族和文化构成，马来西亚政府认识到，唯有建立广泛的价值共识，才能确保国家的长远发展。因此，"昌明大马"方略强调顶层设计与基层实践的结合，政府不仅从政策层面进行引导，还鼓励社会各界的广泛参与。

  安瓦尔总理在其《昌明大马》一书中深刻指出："我们正站在历史的转折点……唯有这样，我们的孩子才能够过上比我们更好的生活，让这个他们所认识的世界变得更加美好。在集体责任和改革精神的领导下，我们一定能够扭转局势，追求我们所渴望的平等、正义和繁荣。"

一、"昌明大马"的价值体系构建

  《昌明大马》详细剖析了"昌明大马"理念的核心要素、政策框架，并将其应用于后疫情时代马来西亚社会的发展蓝图之中，展现了作者对国家未来发展的深刻思考与全面规划。

  在书中，安瓦尔总理以其敏锐的洞察力指出，马来西亚及全球正面临着一个充满变数、日新月异的新时代，"昌明大马"理念以可持续性、关怀与慈悲、尊重、创新、繁荣及信任为六大核心驱动力，为马来西亚的繁荣与发展铺设了坚实的基石。

  ——可持续性：在环境、经济和社会三个维度上追求平衡发展，确保国家的长远利益和子孙后代的福祉。

  ——关怀与慈悲：倡导人文关怀，关注社会弱势群体，通过公共政策和社会支持，实现社会公平和正义。

  ——尊重：在多元文化的背景下，尊重每一种文化、宗教和价值观，为各民族提供平等的发展机会。

——创新：鼓励创新思维和科技进步，将其作为推动经济发展和社会进步的核心动力。

——繁荣：致力于提高全体人民的生活水平，实现经济繁荣、社会进步和文化昌盛。

——信任：通过建立透明、高效的政府，加强与民众的沟通和互动，构建牢固的信任关系。

二、实施路径：多维度策略与行动计划

为了实现这一宏伟构想，"昌明大马"提出了一系列具体可行的措施与计划，包括经济、金融、法律、教育、社会、文化、城市与农村等各个方面。强调加大教育投入，全力提高国民素质；推动经济转型升级，切实增强国际竞争力；加强社会治理和公共服务体系建设，不断提升民众生活水平等。

——以昌明各个政府部门，平衡政府的各项投资，并减少不必要的部长级薪资和开支。

——每个政府部门都需要制定一份战略路线图，以解决存在已久的问题，并在其职权范围内实施昌明大马。

——全面启动人权审议。

——全面启动对可持续性环境的审议。

——取消低收入群体的过路费（政府将提供类似的数字过路证），并重新审视中等收入群体和高收入群体的过路费方案。

——取消联邦土地发展局（FELDA）垦殖民的债务。

——豁免低收入群体在国家高等教育基金局（PTPTN）中的债务。

——重新审视每个项目的成本及对环境和人民生活的影响，必须详细考虑马来西亚的未来。

——逐步对月收入 11,000 林吉特及以上的群体增加税收，开始系统性的税制改革。

——推出绿色新政策。

——宣布基于"昌明大马"的复苏计划，增强人民的经济参与度，同时发展旅游业，并刺激外国的直接投资。

——立法确立最低生活工资，为所有人民提供基本的经济生存保障。

——宣布发展计划和实行特别资金分配，用于建设可负担的和可持续的房屋，帮助低收入家庭及移民工人。

——建立一个包括联邦政府、地方政府、社区及企业领导者的组织，负责制定弹性工作时间和假期制度，以减少交通拥堵，并创造灵活平衡的工作条件，同时增加雇员的福祉。

——建立一个提供资金和国家创新基金，用于开发创新的经济模式和商业经营方式，并将未使用或未充分使用的商场转变为科技城、企业孵化器、文化创新中心，以打造数字企业。

——开展大型太阳能和风能项目，以及在马来西亚最贫困的州（吉打、玻璃市、吉兰丹、沙巴、沙捞越）建立培训中心、开展学徒计划和进行产业研究，以便使产业本土化。

——建立电动汽车基础设施。

——宣布教育课程改革计划，着重于历史和语言教育，以提高马来西亚的竞争力。

——修改宪法，将总理的任期限制为两届。

——启动民主电子化，包括对人民、政治人物以及各个政府部门的问责和审查。

——通过立法和制度改革，加强司法独立性及对警察的监督和问责。

——改革监督和问责机构，以更有效地解决马来西亚的地方性腐败问题。

——改革马来西亚的税收方案，将所收费用重新用于满足人民的需求（如教育、医疗、公共服务等）。

——引入立法机制，更好地承认以前未定义的人群、族群及其权利（如移民工人、难民）等。

——为马来西亚的植物、动物等建立坚实的法律保护。

——在大学中引入质量保护方案。

——宣布大学的系统性改革和现代化计划，包括创建与新兴技术相关的学位，建立新兴学科，包括应对不确定性和动荡时期所需的新经济观念和方法，为未来的马来西亚高等教育系统做好准备。

——在适当的机构中，建立大学乡村中心，用于研究和探索农业 4.0 和其他创新农业方案（如智能农业利用、利用 GPS 进行土壤扫描与资料管理、水耕法、藻类原料、无人机的使用、海水养殖、作物多样化等）。

——建立独立的研究中心，并与工业 4.0 的各个层面直接连接。

——在适当的地区建立农村创新发展中心。

——在全国建立具有未来洞察力的医疗保健体系，该体系必须考虑到我们从疫情中意识到的心理和生理需求，并将"昌明大马"应用于医疗人员和患者，以及以前瞻性的研发方法，寻找专业的和创新的药物与治疗方案。

——推出国家医疗援助系统或适当的国家医疗保险计划。

——推出更广泛的社会养老金方案，必须包括农民、家庭及新型的工作方式（如零工经济）。

——建立一个机构来促进企业慈善，并为非政府组织提供资金，以促进可持续性、关爱、慈悲、尊重。

——在马来西亚建立一个艺术和手工艺合作的网络。

——推出创新的旅游计划，如生态旅游。

这些措施的扎实实施，必将为马来西亚的未来发展筑牢坚实的基础。在安瓦尔总理的卓越领导下，马来西亚正稳步朝着"昌明大马"的目标迈进。这个未来必将是多元文化和谐共生、可持续发展的繁荣时代。昌明之光定会长久照耀马来西亚的未来之路，引领这个国家走向更加辉煌灿烂的明天。

三、昌明大马：马来西亚文明璀璨之路

在安瓦尔的领导下，马来西亚全力推进"昌明大马"建设，从政治、经济、社会等多方面积极行动，展现出光明的发展前景。

（一）政治领域

政治层面，马来西亚大力推行一系列深化民主、促进多元的改革举措。

加强民主制度建设，积极促进政治多元化，推动不同政治观点和力量相互交流与合作，鼓励各政党在合法合规的框架内展开竞争，为民众提供更为丰富的政治选择。通过扩大公民参与，借助公众咨询、社区参与等多种渠道，让民众更广泛地参与到政策制定和决策过程中，切实增强民主的广泛性与真实性。

强化议会作用，着力提升议会的监督职能，确保政府行为始终在法律和民主的框架内进行。同时，加强议员与民众的联系，使议会能够更好地反映民众意愿。提升政府透明度与效率，大力推动政府信息公开，建立健全信息发布机制，让民众及时了解政府工作动态、政策决策以及财政支出等情况，从而增强政府公信力。

简化行政程序，对政府部门的行政流程进行全面梳理和优化，减少繁琐的审批环节和手续，大幅提高行政效率，为企业和民众提供更加便捷高效的服务。

加强反腐败举措，建立严格的监督机制和问责制度，对腐败行为持零容忍态度，通过加强廉政教育、完善法律法规等方式，营造廉洁的政治环境。这些政治改革措施的实施，旨在推动马来西亚实现更加民主、透明、高效的政治治理。

（二）经济领域

经济领域，在"昌明大马"理念的指引下，马来西亚实施多维度的发展战略。政府推出了一系列振兴经济的措施，包括2030年新工业大蓝图、国家能源转型路线图等，旨在促进经济结构的转型和升级。政府还加强了与周边国家的经济合作，推动区域经济的共同发展。

在产业升级方面，积极推动传统产业利用现代技术进行信息化和技术创新改造，促进产业数字化转型。国家大力推动数字经济发展，出台相关政策举措大力培育新兴产业，如新能源、生物科技、高端电子设备等，通过政策支持、税收优惠和资金扶持等方式，吸引企业和投资进入这些领域，全力打造新的经济增长点。持续加强产业创新能力，加大科研投入，鼓励企业建立自主产权的核心技术优势，积极探索产、学、研联合新机制，促进科技成果高效转化为生产力。同时，高度重视高层次技术的引进、消化、吸收和创新，以及企业内部员工培训和人才培养，全方位提升产业的创新水平。

在区域均衡发展方面，加强区域规划，鼓励联邦和州的区域发展机构充分利用各地区的独特性和资源，简化发展优先事项，明确不同区域的发展定位和重点产业布局，有效避免盲目竞争和重复建设。加大对欠发达地区基础设施建设的投入，包括交通、通信、能源等方面，缩小地区间基础设施差距，提升区域发展的硬件条件。在欠发达州强化人才发展计划，通过教育和培训提升当地劳动力素质。同时，采取措施留住技术工人，避免人才向发达地区过度流动，为各区域发展提供有力的人力支撑。注重发挥不同区域的产业优势，推动区域间产业协同发展，形成产业集群和产业链，实现资源共享和优势互补。通过这些经济发展战略的实施，马来西亚力求在产业结构优化、创新能力提升、区域协调共进等方面取得重大突破，不断增强国家的经济实力和竞争力，实现经济的可持续、高质量发展。

（三）社会领域

社会建设中，在"昌明大马"理念的引领下，马来西亚在教育、医疗、文化和环保等方面积极开展实践。

教育方面，政府注重培养学生的跨文化交流能力和国际视野，推动教育的多元化发展。不断提升教育质量，加大对教育的投入，改善学校的基础设施，包括更新教学设备、建设现代化的教室和实验室等，为学生提供更好的学习环境。加强师资队伍建设，通过提供专业培训和发展机会，提高教师的教学水平和专业素养，同时吸引优秀人才投身教育事业，提升教育行业的整体实力。推进课程改革，注重培养学生的创新思维、实践能力和综合素质，引入现代教育技术，如在线学习平台和教育软件，丰富教学资源和教学方式。积极促进教育公平，实施教育扶贫计划，为贫困家庭学生提供资助和奖学金，确保他们有机会接受良好的教育。加强农村和偏远地区的教育资源配置，改善这些地区学校的办学条件，提高教育质量，缩小城乡教育差距。关注特殊教育需求学生，提供特殊教育服务和支持，确保他们能够融入普通教育体系，获得平等的教育机会。

医疗方面，完善医疗体系，加大对医疗卫生事业的投入，建设更多的医院和医疗设施，提高医疗服务的可及性。加强基层医疗服务体系建设，提高社区卫生服务中心的医疗水平和服务能力，为居民提供便捷的基本医疗服务。推进医疗信息化建设，建立电子病历系统和医疗信息共享平台，提高医疗服务的效率和质量。提升医疗服务质量，加强医疗人才培养，提高医生、护士等医疗人员的专业水平和职业素养。引进先进的医疗技术和设备，提高医疗诊断和治疗水平。加强医疗质量管理，建立健全医疗质量监督和评估体系，确保医疗服务的安全和有效。

文化方面，加大对传统文化的保护力度，设立文化遗产保护基金，对历史建筑、文物古迹等进行修缮和保护。开展传统文化教育，将传统文化纳入学校教育课程体系，培养学生对传统文化的认同感和自豪感。举办传统文化活动，如传统节日庆典、民俗展览等，弘扬传统文化，增强民族凝聚力。鼓励文化创新，支持文化创意产业的发展，培育一批具有国际影响力的文化企业和文化品牌。加强国际文化交流，举办国际文化活动和艺术展览，引进国外优秀文化作品，同时推动马来西亚文化走向世界。

环保方面，制定严格的环境保护法规，加强对环境污染的监管和治理。加大对企业的环保要求，推动企业采用环保技术和生产方式。加强生态保护，保护森林、河流、湖泊等自然资源，推进生态修复和生态建设工程。推广清洁能源，加大对太阳能、风能等可再生能源的开发和利用，减少对传统化石能源的依赖。开展环保宣传教育活动，提高公众对环境保护的认识和责任感。通过学校教育、媒体宣传等多种渠道，向公众普及环保知识和环保理念。鼓励公众参与环保行动，如垃圾分类、节能减排等，形成全社会共同参与环境保护的良好氛围。

值得一提的是，"昌明大马"还致力于减少社会熵增，构建稳定有序的价值秩序。政府通过完善法律、加强社会治理、促进经济发展等措施，营造公平正义的社会环境。这种价值秩序的构建，不仅推动了马来西亚社会的全面可持续发展，也为其他多元文化国家提供了借鉴。"昌明大马"方略的实施，充分展示了马来西亚在多元文化背景下寻求价值共识、构建和谐社会的决心和智慧。这一战略不仅是对国内社会背景的深刻回应，更是对人类价值文明的有益探索。通过建立广泛的价值共识、运用数字技术促进交流理解、推动教育实践与社会治理创新，马来西亚正努力走向更加和谐、进步的未来。

综上所述，"昌明大马"理念为马来西亚的发展明确了方向，提供了清晰的蓝图。在政治上，推动民主制度的完善，提升政府治理水平，增强民众对国家的信任和参与度，促进社会的稳定和谐。在经济上，通过产业升级、数字化转型和区域均衡发展，实现经济的可持续增长，提高国家的竞争力，为民众创造更多的就业机会和财富。在社会方面，提升教育和医疗水平，保护和传承文化，加强环境保护，全面提升民众的生活质量和幸福感，为国家的长远发展奠定坚实的基础。"昌明大马"理念引领下的马来西亚，正朝着更加繁荣、和谐、美好的未来稳步迈进。

"昌明大马"理念是"价值文明"在马来西亚社会的生动体现。它不仅体现了政府对于未来发展的美好愿景和深刻思考，也展现了马来西亚人民对于和谐稳定、繁荣发展的共同追求和坚定信念。通过政府的积极推动和社会各界的共同努力，"昌明大马"理念正在引领马来西亚走向更加昌明、和谐、繁荣的未来。同时，它也为其他国家和地区提供了有益的借鉴和启示，为人类文明的进步和发展作出了积极的贡献。

四、昌明大马：国际视野下的璀璨之光

在国际舞台上，"昌明大马"理念展现出强大的国际吸引力与独特地位。

在经济发展领域，重视创新、倡导可持续发展及产业升级等理念与当前国际经济形势相契合。同时，马来西亚计划成立国家半导体战略特别工作组，推动经济开放创新，吸引国际合作，提升其在相关产业的影响力，为马来西亚在国际经济合作与交流中赢得声誉和地位。

在教育领域，推动文化交流被视为重中之重。第一，马来西亚鼓励本国高校与其他国家的高校开展学术交流、学生交换和合作研究项目，以此拓宽学生国际视野，促进学术交流和知识共享。马来西亚还积极引进国际优质教育资源，开设国际化课程，邀请国外教授和专家来讲学，引入先进教育理念和教学方法，以提升国内教育的国际化水平。第二，鼓励马来西亚的高校开设多语种课程，培养具有国际视野和跨文化交流能力的人才。鼓励学生学习其他国家的语言，增进对不同国家文化的了解和认识。重视英语等国际通用语言的教育，提高民众英语水平，为与世界其他文明交流提供语言基础。第三，加强留学生交流。一方面，吸引国际学生来马来西亚留学，为他们提供良好的学习与生活环境；另一方面，鼓励马来西亚学生到其他国家留学深造，增进对不同文化的了解与认识。通过这些举措，马来西亚在教育领域积极推动文化交流与合作，为培养具有国际竞争力的人才奠定了坚实的基础。

在文化领域，"昌明大马"理念在促进马来西亚与世界其他文明的交流与合作、推动文化多样性与文明互鉴方面发挥着关键作用。搭建文化交流平台是重要举措之一。马来西亚设立了专门的文化交流中心，提供文化展示、语言学习、艺术培训等服务，积极与其他国家的文化机构建立合作关系，共同开展文化项目和活动。同时，组织文化论坛和研讨会，探讨不同文明之间的共性与差异，分享文化保护和传承的经验，为文化合作奠定基础。马来西亚还积极举办各类国际文化节、艺术展览、音乐节等活动，为各国文化展示提供舞台，也让马来西亚民众有机会接触不同文化。例如，马来西亚国际艺术节成功吸引了来自不同国家的表演团体，展示了各国的传统舞蹈、音乐和戏剧等节目，促进了文化交流与融合。通过资源共享和优势互补，马来西亚不断提升文化交流的质量和水平，为推动全球文化的繁荣发展贡献了自己的力量。

在旅游领域，多措并举，不断增强自身吸引力。第一，充分利用其丰富的文化资源，大力发展文化旅游。精心策划特色旅游线路，例如历史遗迹游、民俗文化游、美食之旅等。第二，加强旅游基础设施建设，提升旅游服务质量。包括建设现代化的酒店、餐厅以及交通设施等，为游客营造舒适、便捷的旅游环境。培养专业的旅游从业人员，提高其服务水平与文化素养。第三，结合旅游活动，举办各类文化表演、民俗展览、美食节等丰富多彩的活动，尽情展示马来西亚的文化魅力，增添旅游的趣味性与文化内涵。第四，与其他国家的旅游机构合作，开展联合旅游推广活动，推动文化交流与旅游业的共同发展。第五，加强民间交流与合作。支持民间文化团体、非政府组织等积极开展文化交流活动，如举办文化活动、开展志愿服务、组织文化交流项目等。为民间组织提供资金支持与政策保障，鼓励其踊跃参与国际文化交流活动。第六，简化签证手续，为世界各国的人员往来提供便利，鼓励马来西亚民众走出国门，了解不同文化，促进人员往来与文化交流，增进相互理解和友谊，促进民心相通。

在文明交流领域，"昌明大马"理念促进马来西亚与世界其他文明的交流与合作，与构建人类命运共同体紧密相连，彰显了马来西亚在全球治理体系改革中的积极作用与贡献。马来西亚积极传播"昌明大马"理念中的价值观及多元文化和谐共存理念，推动全球文明对话向更深入、更广泛的方向发展。例如，安瓦尔总理倡导沟通、合作与多边主义理念，强调沟通的重要性，鼓励马来西亚积极与世界各国接触，主张推动不同国家进行文明对话。同时，在东盟等区域组织中，马来西亚在推动全球治理体系改革中肩负着重大作用并积极作为。作为东盟的重要成员，积极深化参与东盟的各项合作机制，为推动全球治理体系的变革贡献力量。第一，积极参与联合国等国际组织的活动，支持多边主义，在气候变化、反恐斗争以及人道主义援助等领域发挥积极作用，忠实履行国际责任。第二，致力于推动贸易自由化与投资便利化，积极融入区域和全球贸易合作，为促进全球贸易发展贡献力量。特别是在数字经济与科技创新等领域的发展，为全球贸易和投资的创新发展提供机遇，展现了国家的活力与潜力。第三，重视文化交流与互鉴，结合自身发展经验与文化特色，为全球治理体系改革提供崭新的理念与思路。加强与其他国家的学术交流与智库合作，共同探讨全球治理的新问题、新挑战，为推动全球治理体系改革提供智力支持。未来，马来西亚将继续秉持"昌明大马"理念，加强与世界的交流合作，让昌明之光持续照耀马来西亚的未来之路。

第二部分

枢纽崛起

全球经济版图正经历深刻变革，新兴市场国家的崛起成为显著趋势。中国、印度等新兴市场凭借庞大的人口基数、日益壮大的中产阶级以及持续的经济改革与开放，已经在全球经济中占据了显著位置，对全球经济增长的贡献日益增大。在这一背景下，马来西亚作为亚洲经济的新星，其在全球价值体系中的地位和作用日益凸显。

　　马来西亚是连接亚洲与其他地区的交通枢纽和贸易要地。近年来，马来西亚政府积极推动经济多元化，制造业、服务业、高科技产业等领域均取得显著进展。特别是在电子、汽车制造、棕榈油加工等行业，马来西亚展现出强大的竞争力，并积极探索数字经济、绿色能源等新兴领域的发展，在全球贸易市场中逐渐展现出了强大的国际竞争力。

作为重要的新兴市场国家，马来西亚在国际贸易和投资中发挥着关键作用。该国积极参与区域经济合作，如东盟经济共同体，不断拓展对外贸易和投资渠道。随着全球经济重心向新兴市场转移，马来西亚凭借其独特优势和积极的发展策略，有望在全球产业链和供应链中占据更加重要的位置，为全球经济发展贡献更多力量。

同时，马来西亚的发展经验也为其他新兴市场国家提供了有益的借鉴和思考。该国在推动经济多元化、加强区域经济合作、积极拥抱新兴科技等方面的做法，都值得其他新兴市场国家深入学习和思考。因此，可以说马来西亚是重构全球价值体系的新亮点之一。

第四章

经济新星：
高速发展的投资热土

一、经济崛起之路

马来西亚自独立以来，已从单一的农业国成功转型为新兴工业化国家。其经济发展历程充满挑战也蕴含机遇，一系列关键的政策措施与转折点共同铸就了今日的繁荣景象。

（一）从农业国家向工业化国家的转型

1957 年 8 月 31 日，马来西亚宣布独立，当时其经济几乎完全依赖于农业和锡矿出口。农业以种植橡胶、胡椒、椰子等热带经济作物为主，其中橡胶出口占据重要地位，锡矿则是另一大经济支柱。但资源有限，这种单一经济模式难以长期支撑经济持续增长。独立初期，马来西亚政府意识到单一经济模式的风险，开始探索多元化发展道路。

20 世纪 60 年代，随着国际市场对植物油脂需求的激增，棕油价格大幅上涨。马来西亚政府敏锐地捕捉到了这一市场机遇，开始大力推广油棕种植，实行农业多元化政策。通过政府补贴、价格控制以及市场推广，油棕产业迅速崛起，马来西亚由此成为全球最大的棕榈油生产和出口国之一。这一转变不仅丰富了马来西亚的农产品种类，提高了农业生产附加值，还显著增强了其在国际市场上的竞争力。同时，农业多元化政策也带动了农村经济的发展，改善了农民的生活水平，缩小了城乡差距。

进入 70 年代，马来西亚政府开始将经济发展重心转向工业，特别是制造业。这一时期，马来西亚通过吸引外资、发展出口导向型工业以及建立工业园区等措施，逐步建立起以电子、纺织、钢铁等为主导的制造业体系。政府还加大基础设施建设，改善投资环境，吸引更多的外国投资者。随着制造业的蓬勃发展，马来西亚的经济结构发生了深刻变化，工业化进程显著加快，为经济的持续增长奠定了坚实基础。同时，政府还注重人力资源的开发和培训，提高劳动力的技能水平，为工业化进程提供了有力的人才支持。

（二）关键转折点：政策与措施的推动力量

1971 年，为了消除种族间的贫富差距、实现社会公平与正义，马来西亚政府推出了"新经济政策"。该政策的核心是通过国家干预手段提高马来人（即原住民）的经济地位，缩小马来民族与其他种族之间的经济差距。具体措施包括给予马来人在教育、就业、企业所有权等方面的优惠待遇，以及通过政府补贴和税收减免等手段扶持马来人创办企业。"新经济政策"的实施虽然在一定程度上引发了社会争议和政治紧张局势，但它对于促进马来西亚经济的均衡发展和民族和谐具有重要意义。通过该政策的实施，马来人的经济地位得到了有效提升，同时也带动了整体经济的增长和社会进步。

20世纪80年代后，马来西亚政府继续深化经济多元化战略，推动服务业和能源产业的发展。随着原油和天然气资源的开发以及能源产业的迅速崛起，马来西亚成为东南亚地区重要的能源供应国之一。能源产业的发展不仅为马来西亚带来了丰厚的经济收入，还促进了相关产业链的形成和发展。同时，政府还大力发展旅游业、金融业等服务业部门，提升经济的整体竞争力。通过多元化经济发展战略的实施，马来西亚成功抵御了外部经济波动的影响，保持了经济的稳定增长，并实现了经济结构的进一步优化。服务业的蓬勃发展也为马来西亚社会创造了更多的就业机会和收入来源，促进了社会的稳定与繁荣。

（三）"向东学习"政策和亚洲金融危机的应对

1982年，马来西亚总理马哈蒂尔提出了"向东学习"政策，鼓励向日本、韩国以及中国台湾等亚洲先进国家和地区学习经济发展经验和技术成果。该政策促进了马来西亚与亚洲邻国之间的经济交流与合作，推动马来西亚在科技、教育、管理等多个领域的快速发展。通过积极引进外国先进技术和管理经验，马来西亚不断提升本国企业的竞争力，培养大量具备专业技能和创新能力的人才，为马来西亚经济的持续增长和创新发展奠定了坚实基础。

1997年亚洲金融危机爆发后，马来西亚经济遭受重创。面对严峻形势，马来西亚政府迅速采取了一系列应对措施来稳定经济局势。政府迅速干预外汇市场来稳定汇率波动，并采取重组银行企业债务、扩大内需和出口等措施稳定经济。同时，政府还要加大金融监管和改革力度，以提高金融体系的稳定性和抗风险能力。通过这些措施的实施以及国际社会的支持和合作，马来西亚经济逐步走出低谷，恢复增长。金融危机的应对经验使马来西亚政府更加深刻地认识到经济多元化和自主创新能力的重要性。在金融危机之后，马来西亚政府进一步加强了金融监管和改革，提高了金融体系的透明度和稳定性，为经济的长期发展奠定抵抗风险的能力。

（四）"新经济模式"的创新驱动

马来西亚2010年提出的"新经济模式"（NEM）强调以市场为导向、以创新驱动为核心的发展理念，推动经济向更高质量、更高效益的方向发展。该模式注重提升创新能力、加强人力资本投资、优化产业结构，以及推动绿色和可持续发展等方面。同时，政府还制定了多个五年发展规划和长期发展目标，指导经济发展方向，力求实现经济持续稳定增长和社会全面进步。"新经济模式"的实施使得马来西亚经济更加多元化和具有竞争力。

（五）数字化转型与绿色发展的探索与实践

近年来，马来西亚政府制定了推动数字化转型和绿色发展战略，推动数字和绿色经济成为经济增长的新引擎。政府加大对信息技术基础设施的投资力度，并鼓励企业创新和应用数字技术来提高生产效率和服务质量。数字化转型不仅提高了马来西亚企业的竞争力，还为政府优化公共服务和管理提供了更加高效的手段。

在绿色发展方面，马来西亚也制定了新的能源发展规划，致力于降低对化石燃料的依赖，减少碳排放，提升可再生能源发电的占比。政府加大对可再生能源的投资和研发力度，推动清洁能源的发展和应用。这些政策的实施不仅有助于马来西亚应对全球气候变化挑战，还为其经济的可持续发展注入了新的动力。绿色发展政策的实施使得马来西亚在全球环保领域树立了良好的形象，并为其经济的长期发展提供了新的增长点。

总之、马来西亚的经济崛起之路是一条充满挑战与机遇的旅程。从独立初期的农业国家到今日的新兴工业化国家，马来西亚通过一系列关键的政策措施和战略调整，实现了经济的跨越式发展。马来西亚的经济崛起之路不仅为该国自身的发展树立了榜样，也为其他发展中国家提供了有益的借鉴和启示。

二、投资热土的形成

近年来，马来西亚在全球投资版图上备受瞩目，这得益于其独特的区位优势、优越的营商环境以及完善的基础设施的综合作用。马来西亚政府通过制定政策措施和加大投资力度，不断提升国家的综合竞争力，使得马来西亚在全球经济中的地位日益提升，成为备受瞩目的投资热土。这片热土吸引了大量外资涌入，促进了国内经济的快速发展和产业结构的优化升级。

（一）区位优势：连接亚洲与世界的桥梁

马来西亚位于东南亚的心脏地带，地理位置优越，既是东盟的中心，也是连接亚洲与世界的桥梁。

马来西亚是东盟的核心成员国之一，拥有较高的地缘政治地位。作为东盟的中心，马来西亚不仅是该地区的主要经济体，而且是许多国际和区域性贸易协议的关键参与者。它的地理位置使其在推动区域一体化、经济合作及文化交流方面发挥着重要作用。

马来西亚扼守着马六甲海峡这一全球重要的海上交通要道。这一地理位置使得马来西亚能够便捷地辐射到整个东南亚市场，成为企业进入东盟市场的前沿阵地。同时，马来西亚也是连接亚洲与中东、澳大利亚及新西兰等地区的桥梁，为跨国企业提供了广阔的市场拓展空间。

作为"一带一路"倡议的重要节点国家，马来西亚在区域经济一体化、基础设施建设以及跨国贸易互联互通方面受益匪浅。来自中国的投资不仅促进了马来西亚国内基础设施的完善，还加强了马来西亚与周边国家的经济联系，进一步加强了其在全球供应链中的关键作用。

通过参与共建"一带一路"，马来西亚巩固了其作为亚洲地区重要交通枢纽的地位，为国际投资者提供了更加便捷的物流通道和市场准入机会。这一战略地位使其成为吸引全球资本和促进区域合作的重要平台。

（二）资源优势与市场潜力

马来西亚是东南亚地区资源最丰富的国家之一，拥有大量的石油、天然气、棕油、橡胶等大宗商品。这些资源为马来西亚的经济增长提供了坚实的基础，尤其是在能源、农业和制造业等关键领域。例如，马来西亚是全球棕榈油的主要生产国之一，且在橡胶和木材产业中也占据重要地位，这些自然资源的出口为国家带来了可观的外汇收入。同时，丰富的石油和天然气资源也使马来西亚成为全球能源市场中的重要供应方。

马来西亚的资源优势吸引了大量依赖原材料和能源的资源寻求型企业进行投资。这些企业不仅在马来西亚设立生产基地，还积极开展资源开采、加工和出口业务。对于国际企业来说，马来西亚丰富的自然资源意味着充足且稳定的原材料供应，并且在成本控制上具有竞争力，尤其是棕油、天然气等资源价格相对较为低廉，使其在全球市场中占据重要地位。

作为东盟的核心成员以及连接亚洲与世界的重要枢纽，马来西亚享有广阔的区域市场潜力。近年来，东盟经济体在全球经济中的增长势头迅猛，马来西亚经济表现尤为突出。东盟区域内的贸易自由化、基础设施互联互通和经济一体化正在加速推动区域内的商品流通和服务交流。马来西亚凭借其稳定的政治环境、开放的市场政策以及不断壮大的中产阶级群体，为外国投资者提供了丰富的商机。

（三）营商环境：独特优势与友好政策

马来西亚政府一直致力于改善营商环境，通过一系列政策措施吸引外资进入。这些措施包括税收优惠、简化审批流程、保护投资者权益等，为外国投资者提供了良好的商业环境和法律保障。

税收优惠与激励措施：为吸引外资，马来西亚政府制定了多项税收优惠和激励措施。根据《1986 年促进投资法》等法规，外国投资者在特定领域和行业投资可享受所得税减免和投资税务补贴等优惠政策。这些政策不仅降低了企业的运营成本，还提高了投资回报率，吸引了大量外资涌入马来西亚。此外，政府还设立了多个经济特区和工业园区，为投资者提供更具吸引力的政策支持和便捷服务。

简化审批流程与高效服务：马来西亚政府不断优化投资审批流程，提高审批效率和服务质量。通过建立一站式服务中心和电子政务平台，政府实现了审批流程的透明化和电子化，减少了投资者的等待时间和行政成本。同时，政府还加强了对投资者的服务支持，包括提供市场信息、法律咨询和融资支持等全方位服务，帮助投资者更好地适应市场环境和开展业务。

法律保护与权益保障：马来西亚拥有健全的法律体系和完善的知

识产权保护制度，为外国投资者提供了有力的法律保障。政府通过加大执法力度和司法公正性，维护了市场秩序和投资者权益。此外，马来西亚还积极参与国际经济合作和贸易谈判，为投资者提供了更加稳定和可预测的商业环境。在马来西亚，外国投资者可以享受到与本国投资者同等的法律地位和权益保障，这为他们在马来西亚的长期发展提供了有力支持。

（四）完善便捷的基础设施

马来西亚在电子、交通、通讯、能源等领域的基础设施建设成就斐然，为投资者提供了便利条件。通过完善的基础设施，马来西亚为投资者创造了一个理想的商业环境，促进了经济的持续增长和产业的优化升级。

先进的电子产业基础设施：马来西亚是全球重要的电子产品生产基地之一，拥有完善的电子产业基础设施。政府通过投资建设高科技园区和研发中心，吸引了大量电子企业和研发机构入驻。这些园区不仅提供了先进的生产设备和研发条件，还形成了完善的产业链和供应链体系，降低了企业的生产成本和风险。在马来西亚，投资者可以轻松找到合适的生产基地、供应商和合作伙伴，共同推动电子产业的发展。

发达的交通网络：马来西亚的交通网络发达便捷，包括高速公路、铁路、港口和机场等在内的多种交通方式相互衔接，形成了覆盖全国的立体交通网络。这些交通设施不仅方便了人员和物资的流动，也促进了国内外贸易的发展。特别是马六甲海峡的区位优势使得马来西亚成为国际航运的重要枢纽之一，吸引了大量物流企业和航运公司入驻。在马来西亚，投资者可以享受到便捷的交通条件和高效的物流服务，这为他们的业务发展提供了有力支持。

高效的通信网络：马来西亚的通信网络发达高效，覆盖了全国大部分地区。政府通过投资建设宽带网络和移动通信设施，提高了通讯速度和服务质量。这些通信设施不仅为企业提供了便捷的通信手段和信息交流平台，还促进了电子商务和远程办公等新兴业态的发展。在马来西亚，投资者可以充分利用先进的通信技术，实现与全球市场的无缝连接和高效沟通。

可靠的能源供应：马来西亚拥有丰富的能源资源，包括石油、天然气和煤炭等。政府通过投资建设能源设施和加强能源管理，确保了能源供应的稳定性和可靠性。这些能源设施不仅满足了国内生产和生活的需求，还为投资者提供了充足的能源保障。特别是在新能源领域，马来西亚政府积极推动可再生能源的开发和利用，为投资者提供了更加环保和可持续的能源选择。在马来西亚，投资者可以享受到稳定可靠的能源供应和优惠的能源政策，为他们的长期发展提供了有力支持。

三、产业亮点与投资前景

马来西亚以其独特的产业优势、多元化的服务业和广阔的发展前景吸引了大量外资的涌入。对于寻求海外投资机会的企业来说，马来西亚无疑是一个充满机遇和潜力的市场。通过精准选择投资领域与高效的合作模式，企业可以在马来西亚实现业务的快速增长和可持续发展，并与当地企业共同创造更多的经济和社会价值。

（一）制造业成为马来西亚经济的基石

作为支柱产业，马来西亚的制造业在半导体、电子电器、汽车零部件及化工等多个领域展现出了强劲的竞争优势与广阔的发展潜力。

半导体与电子电器：马来西亚是全球主要的电子和电器产品制造中心之一，特别是在半导体和电子元器件领域的生产上表现突出。凭借其高素质的劳动力、完善的供应链体系以及政府提供的各种激励措施，马来西亚吸引了众多国际知名电子企业在此设立生产基地。多家国际半导体巨头在马来西亚建立了先进的晶圆厂和封装测试生产线，向全球市场提供高品质的产品。这些企业不仅利用马来西亚的低成本优势，还通过与当地研发机构的合作，不断推动技术创新。随着5G、物联网、人工智能等数字技术的普及和应用，预计马来西亚的半导体和电子电器行业将迎来新一轮的增长机遇，特别是在高端芯片制造、智能设备研发等前沿领域，将展现出更为广阔的发展前景。

汽车零部件：马来西亚的汽车零部件行业具备完善的产业链和精湛的制造工艺。多家国际汽车品牌选择在马来西亚设立生产基地，不仅因为这里的成本效益显著，还因为拥有便捷的物流网络和政府提供的税收优惠政策。近年来，马来西亚的汽车零部件行业正积极谋求转型升级，以满足市场对环保、智能型产品的迫切需求。一些企业正在研发电动汽车的电池系统和自动驾驶技术，以期在全球汽车市场中赢得更大的竞争优势和市场份额。

化工：马来西亚的石油化工和天然气加工产业成熟且竞争力强。作为东南亚地区重要的石油和天然气生产国之一，马来西亚拥有丰富的自然资源，为化工行业的发展提供了有力支撑。马来西亚政府还积极推动下游化工产品的开发和应用，鼓励企业向高附加值领域拓展，如特种化学品、新材料等。随着全球对环保和可持续发展的重视，绿色化工将成为马来西亚化工行业未来发展的重要趋势，特别是在生物基材料、可再生能源等领域。

（二）服务业多元崛起

马来西亚的服务业在近年来迅速崛起，成为经济增长的新引擎。在金融、旅游、教育和医疗等行业为投资者提供了丰富多样的选择。

金融：马来西亚的金融体系稳健且开放，吸引了大量国内外金融机构入驻。作为全球领先的伊斯兰金融中心，马来西亚在伊斯兰银行、债券（Sukuk）和保险等领域具有显著优势。此外，马来西亚还积极推动金融科技的发展，为传统金融行业注入新的活力。一些金融科技公司正在运用大数据、云计算、人工智能等前沿技术，优化金融服务，提高服务效率和客户体验。对于寻求金融领域投资机会的投资者来说，马来西亚无疑是一个极具吸引力的市场。

旅游：马来西亚拥有丰富的自然景观和文化遗产，是东南亚重要的旅游目的地之一。随着全球旅游市场的复苏和人们对生活品质的日益向往，马来西亚的旅游业正迎来新的发展机遇。在这一背景下，从酒店管理、旅游规划到文化创意、体育娱乐项目创新，各个领域都蕴藏着丰富的创业机会和盈利空间。特别是生态旅游、文化旅游和医疗旅游等新兴领域，有望成为马来西亚旅游业的新增长点。

教育与医疗：马来西亚的教育和医疗行业也在近年来取得了显著进步。该国拥有众多国际知名的大学和教育机构，吸引了大量国际学生前来求学。马来西亚的高等教育机构不仅在学术研究方面表现出色，还在与国际教育机构的合作中不断提升教学质量和国际化水平。同时，马来西亚的医疗服务质量高且费用相对较低，吸引了大量国际患者前来就医。这些优势为投资者提供了在教育、医疗及相关服务领域的发展机会，特别是在私立教育、医疗旅游、远程医疗等领域。

（三）在高科技领域的创新

政府正通过出台一系列政策措施，并加大投资支持，积极促进生物技术、信息技术以及绿色能源等关键领域的快速发展与创新突破。

生物技术：马来西亚在生物技术和生物医药领域具有显著优势。政府不仅提供了丰富的研发资金和政策支持，还积极与国际科研机构合作，推动生物技术的创新和应用。马来西亚的生物技术产业在生物医药、农业生物技术、工业生物技术等领域都有广泛的发展前景。随着全球对生物技术和生物医药需求的增长，马来西亚的生物技术产业有望迎来爆发式增长。

信息技术：马来西亚拥有良好的信息和通信基础设施，政府积极推动数字经济和科技创新。在软件开发、数据分析、电子商务和网络营销等领域，马来西亚展现出了强大的竞争力和广阔的发展前景。马来西亚的信息技术产业不仅在本地市场表现出色，还在国际市场上具有一定的竞争力。随着 5G、大数据、人工智能等技术的普及和应用，马来西亚的信息技术产业将迎来新一轮的增长机遇，特别是在数字服务、云计算、物联网等领域。

绿色能源：马来西亚政府大力推动可再生能源的发展，特别是太阳能和生物质能。通过制定一系列激励措施和优惠政策，政府鼓励企业投资绿色能源项目。马来西亚拥有丰富的自然资源，为绿色能源的发展提供了有力支撑。随着全球对环保和可持续发展的重视，绿色能源将成为未来马来西亚能源领域的重要发展方向之一，特别是在太阳能发电、生物质能利用、智能电网等领域。

（四）外资与本土企业合作共赢的发展模式

外资企业在马来西亚的投资过程中可以采用多种合作模式与本土企业实现共赢发展。合资、并购和技术转移是其中较为常见的合作模式。

合资：外资企业与本土企业共同出资成立合资公司，结合双方的资源和优势共同开拓市场。这种模式有助于外资企业更好地融入当地市场并降低经营风险。通过合资方式，外资企业可以利用本土企业的市场经验、品牌影响力和客户关系，更快地适应当地市场环境并实现业务的快速增长。同时，借助外资本土企业技术和管理经验和自身的竞争力得到提升。

并购：对于外资企业而言，通过并购本土企业的方式能够迅速获取市场份额与技术资源。不过，在并购进程中，需高度重视文化整合以及人员安置等问题，如此方能确保并购得以成功实施。于并购之际，外资企业应当对本土企业展开全面的尽职调查，深入了解其财务状况、市场前景以及企业文化等各个方面的情况。与此同时，外资企业还需与本土企业进行高效的沟通与协商，制定出合理的并购方案与整合计划，以确保并购后的企业能够平稳运营，并实现预期的经济效益。

技术转移：外资企业进入后，将先进的技术和管理经验转移给本土企业，本土企业的竞争力和创新能力将得到提升。这种合作模式有助于促进本土企业的发展和壮大同时也有助于外资企业在当地市场的长期发展。通过技术转移方式，外资企业可以与本土企业建立紧密的合作关系，共同推动技术创新和产业升级。同时，本土企业也可以通过学习和吸收外资企业的先进技术和管理经验提升自身的竞争力和创新能力，实现可持续发展。

（五）案例分享：外资企业的成功故事

案例一：某国际半导体巨头。该企业在马来西亚设立了先进的晶圆厂和封装测试线，利用当地的低成本劳动力和完善的供应链体系，成功降低了生产成本并提高了产品竞争力。该企业还积极与马来西亚的研发机构合作，共同推动技术创新。通过持续的市场拓展和技术创新，该企业在全球半导体市场占据了重要地位，实现了业务的快速增长和可持续发展。

案例二：某知名汽车品牌。该品牌选择在马来西亚设厂生产汽车零部件和整车组装。凭借当地的成本优势、便捷的物流网络和政府的激励措施，该品牌成功打开了东南亚市场并取得了显著的销售业绩。同时，该企业还积极与当地供应商合作，共同推动产业链的升级和发展。通过与本土企业的紧密合作，该品牌不仅实现了业务的快速增长，还提升了在当地市场的品牌影响力和市场份额。

案例三：某金融科技初创企业。该企业利用马来西亚开放的金融环境和政府支持政策，成功开发出具有创新性的金融科技产品并快速占领市场。通过与当地金融机构的合作，该企业不仅实现了业务的快速增长，还积累了丰富的行业经验和资源，为未来的拓展奠定了坚实基础。该企业还积极参与马来西亚的金融科技生态系统建设，与其他创新企业和监管机构共同推动金融科技行业的发展。

马来西亚这片投资热土已得到广泛的认可和赞誉。未来，随着全球经济的不断发展和变化以及马来西亚政府的持续努力和改进，我们相信这片热土将继续保持其独特的魅力和吸引力，为投资者开辟更加广阔的空间与前所未有的机遇。

四、挑战与机遇

马来西亚作为东南亚关键经济体之一，在追求经济多元化和高科技发展的道路上不断前行，同时也在努力应对资源环境压力和国际贸易环境变化带来的各种挑战。

人才短缺：马来西亚在追求经济多元化和高科技发展的过程中，面临着严重的人才短缺问题。特别是在半导体、生物技术、信息技术等高科技领域，高技能人才的需求日益增长，但本土人才培养的速度难以满足市场需求。这不仅限制了马来西亚在这些领域的创新能力，也影响了其吸引外资和促进国际合作的能力。更加严峻的是，邻国新加坡凭借其更为成熟的发展环境和诱人的职业前景，对马来西亚的人才产生了强烈的吸引力。不少本土的杰出人才，为了追求更广阔的职业发展空间和更高质量的生活水平，纷纷选择跨越国界，前往新加坡等地寻求新的机遇。

资源环境压力：随着工业化和城市化的推进，马来西亚正面临着日益紧迫的资源环境压力。水资源短缺、土地退化、空气污染等问题日益凸显，对可持续发展构成威胁。这些环境问题不仅影响了马来西亚人民的生活质量，也对经济发展带来了负面影响。因此，绿色能源的开发和利用需要进一步加大力度，以减少对传统化石能源的依赖，推动经济向绿色、低碳方向转型。

国际贸易环境变化：全球经济形势复杂多变，国际贸易环境的不确定性增加。马来西亚作为一个高度依赖出口的国家，其经济容易受到国际贸易摩擦、关税壁垒等因素的影响。此外，随着全球供应链的重组和调整，马来西亚需要适应新的国际贸易规则和环境，以保持竞争力。这要求马来西亚不仅要提升产品质量和降低生产成本，还要加强与国际市场的紧密联系和深度合作，通过多元化的市场布局和灵活的贸易策略，来分散风险并抓住新的发展机遇。

在面对挑战与机遇并存的复杂局面时，马来西亚凭借其发展战略方面的智慧与远见，开拓出了无限的发展潜力和空间。

"大马愿景2020"：尽管"大马愿景2020"已经到期，但其提出的许多发展目标仍对马来西亚的未来发展具有指导意义。该愿景强调了经济多元化、科技创新、环境保护和社会包容等方面的重要性，为马来西亚的长期发展奠定了坚实基础。在"大马愿景2020"的指导下，马来西亚政府将继续推动经济结构的优化和升级，提高经济的抗风险能力和可持续发展能力。

"大马数字经济蓝图"：在当今数字化时代的浪潮之下，机遇与挑战并存。为了有力地应对这一时代大势，马来西亚政府精心制定了"大马数字经济蓝图"。这份蓝图旨在通过全力推动数字基础设施建设，精心培育数字产业生态，大力提升数字治理能力等一系列重要举措，加速马来西亚经济迈向数字化转型的步伐。通过积极发展数字经济，马来西亚有望在未来的征程中实现更为高质量的经济增长，为民众带来更广泛的社会福祉。数字经济的强势崛起，必将为马来西亚开辟新的经济增长点，创造出大量的就业机会。它就像一颗璀璨的新星，照亮马来西亚经济发展的道路。同时，也将极大地提高马来西亚在国际市场上的竞争力，让马来西亚在全球经济的舞台上绽放出更加耀眼的光芒。

其他战略规划：除了"大马愿景2020"和"大马数字经济蓝图"之外，马来西亚政府还制定了一系列其他战略规划，如"2030年新工业总体规划"（NIMP2030）、"国家能源转型路线图"（NETR）等。这些规划旨在通过推动产业升级、能源结构转型等措施，提升马来西亚经济的竞争力和可持续发展能力。这些战略规划的实施将为马来西亚的未来发展提供有力的支撑和保障。

马来西亚经济发展的经验值得我们深入借鉴。政府在经济发展中发挥了重要的引导作用，通过制定科学的战略规划为经济增长指明了方向。政府还致力于优化营商环境，吸引外资，通过减税、提供优惠政策等措施，降低了企业的运营成本，增强了其国际竞争力。同时，马来西亚注重人才培养和科技创新，不断提升本土企业的竞争力，也为国际投资者提供了高素质的人才资源。马来西亚的大学和研究机构在科研领域取得了显著成果，为经济发展提供了强大的智力支持。此外，马来西亚还积极融入全球经济体系，加强与其他国家的经贸合作，通过参与区域全面经济伙伴关系协定（RCEP）等区域贸易协定，进一步拓展了其国际市场，为经济发展创造了更多机遇。

在过去几十年里，马来西亚成功实现了从农业为主的经济向多元化、现代化的经济体系的转型。制造业、服务业、科技产业以及旅游业等蓬勃发展，为经济增长注入了强大动力。特别是在电子、汽车、石油化工等领域，马来西亚已经成为全球重要的生产基地。同时，马来西亚政府积极推动基础设施建设，提升了交通、通信等领域的便利度，为经济发展提供了有力支撑。这些成就不仅提升了马来西亚在国际舞台上的地位，也为民众带来了更高的生活水平和更多的就业机会。同时，马来西亚政府还将加大在绿色能源、环境保护等领域的投入，推动经济的可持续发展。这将有助于马来西亚应对全球气候变化带来的挑战，同时也为投资者创造了更加稳定、长期的回报环境。

面向未来，马来西亚的经济发展将呈现出哪些新趋势？又将如何把握机遇、应对挑战，实现更加繁荣和可持续的发展？

经济多元化与高科技发展：未来，马来西亚将继续推进经济多元化和高科技发展战略。通过加大在半导体、生物技术、信息技术等领域的投入，马来西亚有望在这些领域取得突破性进展，并成为全球产业链中的重要一环。同时，随着制造业的转型升级和服务业的快速发展，马来西亚的经济结构将更加优化和合理。这将有助于提高马来西亚的经济实力和国际竞争力，为其未来的发展奠定坚实基础。

绿色经济与可持续发展：面对资源环境压力，马来西亚将更加注重绿色经济和可持续发展。通过加大在绿色能源、环境保护等领域的投入，马来西亚将努力实现经济增长与环境保护的双赢。马来西亚将积极推动可再生能源的开发和利用，减少对化石能源的依赖，降低碳排放量，以应对全球气候变化带来的挑战。同时，随着全球对可持续发展的重视日益提高，马来西亚的绿色经济也将为其吸引更多国际投资和合作机会。

国际贸易与区域合作：在全球贸易环境不断变化的情况下，马来西亚将积极适应新规则和新环境，加强与周边国家和地区的经贸合作。通过参与区域全面经济伙伴关系协定（RCEP）等区域贸易协定，马来西亚将进一步拓展其国际市场并提高国际竞争力。马来西亚将积极寻求与中国的经贸合作机会，共同推动"一带一路"倡议下的互利合作。这将有助于促进马来西亚的出口增长和吸引外资流入，为其经济发展注入新的活力。

综上所述，马来西亚在面向未来的经济发展过程中既面临诸多挑战也拥有广阔机遇。通过制定和实施科学的战略规划并积极应对各种挑战，马来西亚有望在未来实现更加繁荣和可持续的发展。马来西亚在地理位置、自然资源、政治环境、社会氛围以及市场政策等方面，都为投资者提供了得天独厚的条件，将持续吸引全球投资者的目光，并为其创造更多合作与共赢的机会。

第五章

"一带一路"合作的典范

当中国向世界提出"一带一路"这一宏伟倡议时,马来西亚迅速响应并积极参与,成为这一宏伟蓝图中的重要合作伙伴。

在"一带一路"框架下,马来西亚的角色尤为突出。马来西亚不仅充分利用其地理和资源优势,还与中方紧密合作,共同推进了一系列基础设施建设和经贸合作项目,形成了互利共赢的良好局面。作为东南亚地区的重要国家,马来西亚宛如一座坚实的桥梁,横跨亚洲与大洋洲,成为太平洋与印度洋之间的重要通道,同时也是中国与东南亚、南亚各国开展经贸合作的关键门户。它以其独特的地理位置和重要的战略地位,在区域经济合作与交流中发挥着不可替代的作用。

马来西亚稳定的政治环境、完善的法律体系和开放的市场政策,为"一带一路"倡议的实施提供了有力保障。马来西亚在"一带一路"倡议中的角色不仅限于地理上的连接,更在于其作为经济、文化和人文交流的桥梁,促进沿线国家的共同发展和繁荣。

一、"一带一路"倡议下马来西亚的经济社会发展

"一带一路"倡议为马来西亚带来了前所未有的发展机遇，有效促进了其经济社会的发展。在基础设施方面，通过参与"一带一路"建设，马来西亚得以改善交通、通信等基础设施条件，提升了国家整体竞争力。这些基础设施的改善不仅方便了民众的生活，还为马来西亚的经济发展提供了有力支撑。例如，中马两国合作建设的铁路和公路项目，不仅缩短了马来西亚与中国之间的交通时间，还促进了沿线地区的经济发展。

在经济合作方面，"一带一路"倡议为马来西亚带来了更多的投资机会和贸易伙伴。中国与马来西亚的双边贸易持续增长，为两国企业提供了广阔的市场和无限的商机。同时，中国企业的投资也为马来西亚带来了先进的技术和管理经验，推动了当地产业的升级和发展。在"一带一路"框架下，马来西亚还积极参与了中国与东盟之间的自由贸易区建设，进一步拓展了其国际贸易空间。

此外，"一带一路"倡议还促进了马来西亚与周边国家的互联互通和区域一体化进程。通过加强与其他国家的经贸合作和人文交流，马来西亚在东南亚地区的地位和影响力不断提升。在"一带一路"倡议的推动下，马来西亚与邻国之间的贸易壁垒逐渐降低，人员往来更加便利，为区域经济的共同发展注入了新的活力。

在"一带一路"框架下，中马"两国双园"作为"一带一路"合作典范，不仅促进了双边经贸合作的深入发展，还在推动产业升级、技术创新和人才培养等方面发挥了积极作用。

位于中国广西的钦州产业园作为中马两国合作的重要平台，通过引进高端技术和装备，推动了当地制造业的快速发展，形成生物医药、电

子信息、新能源新材料和棕榈油、燕窝、榴梿等东盟特色产品加工贸易为主的产业集群，提高了产业链的整体水平。产业园内的企业不仅享受到了优惠的税收政策，还得到了中方在资金、技术和管理方面的支持。同时，产业园还注重环境保护和可持续发展，致力于打造绿色、低碳的现代化产业园区。

作为钦州产业园区的"姊妹园"，位于马来西亚彭亨州的关丹产业园区立足中国和东盟，面向亚太地区，重点发展钢铁及有色金属、机械装备制造、可再生能源、加工贸易和现代物流等产业。如今，园区基础建设全面铺开，项目招商不断取得新成果。关丹产业园充分利用马来西亚东部的资源优势，加强与中国的产业对接，促进了东部走廊的经济增长。

"两国双园"模式的成功实践，不仅为马来西亚和中国带来了实实在在的经济利益，还为两国在其他领域的合作提供了有益借鉴。这一模式展示了中马两国在经贸合作中的互补性和互利性，为未来的合作奠定了坚实基础。

二、"一带一路"倡议下中马民心相通与文化交流

民心相通是"一带一路"倡议中的关键一环，它强调通过文化交流、教育合作、旅游活动等方式，增进各国人民之间的了解和友谊。对于中马两国而言，民心相通有助于消除误解和疑虑，增进互信，为两国关系的长期稳定发展奠定坚实基础。

中马两国人民之间的友好交往源远流长，自古代丝绸之路时期起就有深厚的贸易和文化联系。在现代，"一带一路"倡议为两国提供了更多的合作机会，促进了人员往来和文化交流。通过加强民间交往、开展

教育合作等项目，中马两国逐步构建起更加紧密的情感纽带和互信关系。

文化交流在中马民心相通的过程中扮演着至关重要的角色，在增进相互理解、推动合作方面发挥着不可替代的作用。马来西亚与中国之间的文化交流活动日益频繁，包括教育合作、旅游互访、艺术展览等。这些活动不仅增进了两国人民的友谊和互信，还为双方开展更深层次合作奠定了坚实基础。在教育合作方面，马来西亚与中国的高校和研究机构展开了广泛的合作与交流。双方互派留学生和学者进行学术研究和教学合作，共同推动高等教育的发展。这种教育合作不仅培养了具有国际视野的高素质人才，还为两国的经济社会发展提供了有力的人才支撑。在旅游互访方面，马来西亚与中国之间的旅游合作不断深化。双方共同推出了多项旅游产品和线路，吸引了大量中国游客前往马来西亚旅游观光。同时，马来西亚也积极向中国游客展示其丰富的文化资源和旅游资源，增进了两国人民之间的了解和友谊。

通过文化交流，马来西亚人民更加深入地了解了中国文化和社会制度，从而更加认同和支持"一带一路"倡议。同时，中国文化也在马来西亚得到了广泛传播和认可，为两国之间的合作注入了更多的人文内涵和情感纽带。这种民心相通和文化交流为"一带一路"倡议在马来西亚的深入实施提供了有力的社会基础和民意支持。

三、"一带一路"倡议下中马合作的挑战与前景

尽管马来西亚在参与"一带一路"过程中面临一些挑战，如政策协调、资金投入等，但这些挑战并没有阻碍双方合作的深入发展。相反，通过不断沟通和协商，双方已经找到了解决这些问题的有效途径和方法。

例如，在政策协调方面，中马两国政府建立了定期的沟通机制和政策对话平台，共同商讨解决合作中遇到的问题和困难。在资金投入方面，双方积极探索多元化的融资方式，包括政府投资、企业投资和社会资本等，共同为"一带一路"项目提供资金支持。

展望未来，马来西亚与中国在"一带一路"框架下的合作前景广阔。双方可以在更多领域展开深度合作，共同应对全球性挑战和实现共同发展繁荣。例如，在基础设施建设方面，双方可以继续深化铁路、公路、港口等交通基础设施的合作；在产业升级方面，双方可以共同推动制造业、服务业等领域的创新发展；在科技创新方面，双方可以加强科技研发和创新合作，共同推动科技进步和产业升级；在人文交流方面，双方可以继续深化教育、旅游等领域的合作与交流。同时，双方也将积极应对各种挑战和风险，确保合作的稳定性和可持续性。为此，双方将加强政策沟通和协调、深化经贸合作、推动人文交流等措施，为合作的长期稳定发展提供有力保障。双方还将加强风险评估和预警机制建设，共同应对可能出现的风险和挑战。

综上所述，马来西亚堪称"一带一路"合作的典范国度之一。在促进地区互联互通方面，它犹如一座坚实的桥梁，连接不同地域，让人员、物资与信息得以顺畅流通。在推动经贸合作领域，它以积极开放之态，成为各方贸易往来的重要枢纽，为经济的蓬勃发展注入强大动力。在加强文化交流层面，它似一扇多彩的窗口，展示着多元文化的魅力，促进不同文明的对话与融合。马来西亚凭借其独特的地理位置、丰富的自然资源以及开放的经济政策，当之无愧地成为"一带一路"倡议中的重要合作伙伴。通过与中国的紧密携手，马来西亚不仅成功实现了自身经济社会的稳步发展与进步，更为区域经济的共同发展与繁荣作出了卓越而积极的贡献。

相信在"一带一路"倡议的引领下，马来西亚与中国将继续深化合作、拓展合作领域并共同应对全球性挑战。双方将继续秉持共商共建共享的原则，推动"一带一路"建设走深走实，为世界经济的繁荣与发展作出更大贡献。同时，双方也将继续加强人文交流和文化合作，增进两国人民之间的了解和友谊，为未来的中马命运共同体建设奠定更加坚实的基础。

第六章

科技驱动工业腾飞

　　在 21 世纪的信息化与全球化浪潮中，科技创新已成为衡量国际竞争力的关键标尺。面对全球经济格局的不断变化、数字革命的深入推进以及环境可持续发展的迫切需求，马来西亚政府已经实施了一系列具有深远影响的战略部署，正以前瞻性的战略眼光和果断的行动力，积极探索并铺设其科技发展的未来之路，旨在引领国家通过科技创新走向更加繁荣、可持续的未来。

　　随着全球经济的转型，科技在推动地区发展和国际合作中扮演着越来越重要的角色。马来西亚政府积极参与国际科技项目，吸引外资合作伙伴，加快国内科技创新步伐，提升国家在全球科技版图中的竞争力。马来西亚在政策、资金和教育等多方面积极发力，力求打造一个与世界科技发展同步且独具地域文化特色的创新生态。

一、RCEP 框架下的马来西亚：创新与数字技术的浪潮

随着《区域全面经济伙伴关系协定》（RCEP）的正式生效与深入实施，亚太地区正经历着前所未有的经济合作与技术创新热潮。在这一广阔的历史背景下，马来西亚作为东盟的关键一员，正凭借其独特的地理位置、开放的政策环境及雄厚的产业基础，致力于将自己打造为创新与数字技术应用与服务区域的中心。

RCEP 推动创新生态与市场深度融合，促进区域共同发展。RCEP 的签署和实施不仅为各成员国带来了更广泛的市场准入，还为技术创新提供了强大的推动力。通过市场的深度整合，企业得以探索更多商业可能性，进而加大对技术创新的投入。此外，RCEP 促进了成员国间的技术交流、知识共享与研发合作，为创新的跨国传播和应用铺设了坚实的基石。在蓬勃发展的数字经济领域，RCEP 的实施使数字技术成为推动经济增长和竞争力提升的关键因素。马来西亚积极响应这一趋势，不仅加强了数字基础设施的建设，还大力推动了数字贸易和电子商务的快速发展。这些举措极大地提升了马来西亚在数字技术创新方面的实力，为其构建和扩展数字技术服务中心的地位打下了坚实的基础。

马来西亚构建创新与数字技术的繁荣港湾与扩展平台。马来西亚位于东南亚的战略要地，其得天独厚的地理位置使其成为连接亚洲各国的重要交通和通信枢纽。这一独特优势不仅吸引了大量国际云服务提供商和数据中心运营商的入驻，还为马来西亚提供了与周边国家开展深度合作和扩展创新生态的绝佳机会。马来西亚的低成本运营环境为企业提供了巨大的竞争优势，降低了市场准入门槛，提高了整体的市场竞争力。

在数据、算力中心行业，这一优势尤为重要，因为它直接关系到企业的运营成本和利润空间。此外，马来西亚政府高度重视电力供应的稳定性，通过实施可持续发展框架，确保了数据中心的持续稳定运行，进一步增强了其作为数字技术服务中心的吸引力。

马来西亚数据、算力中心行业蓬勃发展，未来扩展前景广阔。近年来，马来西亚成功吸引了包括阿里巴巴、谷歌、微软等在内的国际科技巨头投资设立数据中心。这些领先企业的入驻不仅为马来西亚带来了尖端的技术和先进的管理经验，还极大地推动了本地数据、算力中心行业的快速发展。根据权威市场研究报告的预测，未来几年马来西亚的数据中心市场规模将持续扩大，年复合增长率有望保持在高位。为了进一步提升区域数字互联互通的水平，马来西亚正在积极推进国际数据走廊的构建。这一举措旨在加强与周边国家在数字基础设施方面的合作，促进数据资源的跨境流动与共享，从而打造更加紧密和高效的区域数字生态系统。

马来西亚协同推进绿色可持续发展、国际合作与人才培育。面对全球对可持续发展的日益关注，马来西亚正积极推动绿色数据中心的建设。通过先进的清洁能源和高效节能技术，致力于降低数据中心的能耗和碳排放，以实现经济与环境的和谐共生。这一举措不仅符合全球可持续发展的趋势，还将为马来西亚赢得国际社会的广泛认可和赞誉。国际合作与交流仍将是马来西亚未来发展的重要驱动力。通过积极参与国际科技合作项目、举办高水平的科技论坛等活动，马来西亚将不断引进和吸收国际先进技术和管理经验，提升自身在全球创新体系中的地位和影响力。同时，马来西亚还将深化与跨国企业和研究机构的合作，共同推动数字技术在各个领域的广泛应用和深度融合。为了支撑创新和数字技术的持续发展，马来西亚深知人才培育的重要性。因此，该国将进一步加大对数字技术人才的培养和引进力度，通过建立高水平的科研机构、高等院校和职业培训中心等平台，为数字技术人才提供全面的教育和培训机会。同时，马来西亚还将加强与国内外企业和研究机构的合作与交流，为数字技术人才创造更多展示才华和实现价值的舞台。

马来西亚政策环境与社会支持共筑创新与数字技术发展的坚实基石。马来西亚政府一直致力于打造友好、开放且稳定的政策环境，以吸引和支持创新与数字技术的发展。通过制定和实施一系列优惠政策和措施，如税收优惠、资金扶持和简化审批流程等，政府为企业提供了强有力的支持和保障。这些举措极大地降低了企业的运营成本和风险，激发了市场活力和创新动力。马来西亚政府清楚地认识到科技创新在国家发展中的核心地位，因此精心制定并推行了一系列科技创新政策，包括《马来西亚国家科技创新蓝图》《数字经济战略规划》以及《2030年科技愿景》等，政策内容覆盖了研发投入的加大、初创企业的扶持、产学研紧密结合等多个方面，为创新活动提供了广阔的空间和制度保障，也有效地激发了社会各个层面的创新潜能。全社会的共同参与和支持，为马来西亚在创新与数字技术领域的崛起和扩展奠定了坚实的基石。

二、半导体产业：世界级交汇点与集散中心

马来西亚是世界第六大半导体出口国，在全球半导体封装和测试环节占有举足轻重的地位。在全球电子与半导体产业的大棋盘上，马来西亚以其独特的历史积淀、坚实的产业基础以及在全球产业链中的战略位置，正日益成为东西方半导体产业的重要交汇点和集散中心。

自 20 世纪 70 年代起，马来西亚电子与半导体产业便开始了其发展历程。当时，全球电子信息技术正处于飞速发展阶段，马来西亚政府敏锐捕捉到了这一历史性机遇，通过设立自由贸易区、提供税收优惠等一系列政策措施，成功吸引了国际电子与半导体企业的目光。1972 年，英特尔作为首家入驻马来西亚市场的半导体企业，在槟城开设装配厂，标志着马来西亚电子与半导体产业正式扬帆起航。随后，AMD、惠普等全球知名企业也相继落户，逐步构建起了完善的电子与半导体产业链。

马来西亚在全球半导体产业链中的核心地位体现在，马来西亚是半导体供应链的关键枢纽，尤其是半导体封装和测试领域的重要参与者。一方面，马来西亚积极承接国际半导体企业的封装测试业务，为全球市场提供高品质的产品与服务；另一方面，加强与周边国家的合作与交流，推动区域半导体产业链的协同发展。这种独特的产业链定位不仅提升了马来西亚在全球半导体版图上的影响力，更为其电子与半导体产业的持续兴盛提供了强大动力。

目前，该国在全球半导体封装测试领域占据着举足轻重的地位，拥有 8 个前道晶圆制造工厂和 24 个后道封测工厂，这些工厂主要分布在槟城州、吉打州等产业聚集区。它们不仅为国际顶尖半导体企业提供卓越的封装测试服务，同时也极大地推动了本土企业的快速成长。据统计，马来西亚在芯片封装、组装及测试服务领域已占据全球 13% 的市场份额，稳居全球半导体出口国第六位，其半导体产品占全球贸易总额的 7%，而在封测领域的占比更是高达 13%，彰显出其在全球半导体产业链中的不可替代性。

同时，随着全球半导体产业的迅猛发展和分工日益精细化，马来西亚正逐渐成为半导体产业链的重要集散中心。在这里，产业链上的各类企业能够轻松获取原材料、零部件及技术支持等关键资源，形成高效完善的产业链生态系统。通过举办国际展会、论坛等活动，马来西亚不仅深化了与全球半导体企业的合作关系，还推动产业链的持续优化与整合。这种集散中心的地位显著增强了马来西亚在全球半导体产业链中的竞争力，也为其电子与半导体产业的转型升级提供了有力支撑。

马来西亚政府积极推动电子与半导体工业城建设的战略部署，主要包括实施吸引外资、促进技术升级、加强产业链整合、重视人才培养等措施，旨在将马来西亚塑造为全球半导体供应链中不可或缺的一环。

为了加速电子与半导体工业城的建设步伐，马来西亚政府积极实施吸引外资政策。通过提供税收减免、土地优惠等政策措施，降低企业的投资门槛和运营成本；同时加强与国际组织及跨国企业的合作与交流，共同举办投资推介会等活动，全面展示马来西亚优越的投资环境和产业优势，成功吸引了众多国际半导体企业入驻马来西亚。

技术升级是推动电子与半导体产业持续发展的关键所在。马来西亚政府深知技术创新的重要性，因此，通过不断优化制定相关政策措施和提供财政支持等方式鼓励企业加大技术研发与创新投入。政府与国内外科研机构、大专院校及企业紧密合作建立研发中心和实验室、创新中心等平台，致力于突破关键技术瓶颈并推动先进技术的广泛应用。这些举措有效提升了马来西亚电子与半导体产业的技术实力和市场竞争力。

产业链整合是提升产业整体竞争力的重要手段之一。马来西亚政府通过制定相关政策和规划，引导企业加强上下游合作与协同发展，推动产业链的深度融合与优化升级。政府还积极提供信息服务，搭建交流平台，促进企业之间的沟通与协作，打造高效运作的产业链条，提高整体运作效率和质量水平，从而增强马来西亚电子与半导体产业的抗风险能力和可持续发展潜力。

人才培养与引进对于产业发展至关重要。马来西亚政府对此给予高度重视，并通过制定相关政策措施和提供资金支持等方式加大人才培养和引进力度，同时加强与国内外高校及科研机构的合作交流，推动产学研用深度融合发展，为马来西亚电子与半导体产业提供源源不断的人才支撑和创新动力。

未来，马来西亚电子与半导体产业将迎来更加广阔的发展空间和机遇。

随着全球半导体产业的不断进步和分工细化，马来西亚将继续发挥其作为东西方半导体产业链交汇点和集散地的独特优势，进一步深化与全球合作伙伴的协同创新，共同推动产业技术创新和升级发展。

面对激烈的全球科技竞争环境，马来西亚电子与半导体产业将更加注重技术创新投入，政府和企业将携手加大研发投入力度，聚焦前沿技术领域如先进封装测试技术、集成电路设计以及第三代半导体材料等方向，力求在关键核心技术上取得突破性进展并推动其广泛应用。同时，积极引进国际先进技术和管理经验进行消化吸收再创新，不断提升本土企业的自主创新能力和核心竞争力水平。

在全球环保和可持续发展的呼声日益高涨的背景下，马来西亚电子与半导体产业将积极响应绿色低碳发展理念。政府将出台相关政策措施鼓励企业采用清洁能源、实施节能减排举措，推动产业向绿色低碳方向转型升级，同时加强与国际组织和伙伴国家的合作，探索半导体产业绿色低碳发展的新路径和新模式，为全球环境保护事业贡献马来西亚力量。

随着数字经济的蓬勃发展，马来西亚电子与半导体产业将加速推进数字化转型和智能制造进程。政府将加大对工业互联网、大数据、云计算等数字技术的支持力度，推动企业实现生产过程的智能化改造和网络化升级，以及服务模式的创新发展。通过数字化转型和智能制造的深入推进，马来西亚将进一步提升生产效率、降低运营成本、优化产品质量和服务水平，从而增强产业的综合竞争力和抵御风险的能力。

马来西亚将继续加强与国际组织和伙伴国家的合作与交流，积极参与全球半导体产业链的构建和整合工作。通过深化国际合作，引进更多优质项目和先进技术资源，助力本土产业实现转型升级和国际化发展战略目标。同时，加强与东盟等周边国家的区域协调发展力度，共同打造具备国际竞争力的半导体产业集群，推动区域经济实现繁荣与可持续发展目标。

中小企业作为马来西亚电子与半导体产业的重要组成部分，政府将给予更多关注和支持。通过提供资金扶持、税收优惠以及市场开拓等方面的帮助措施，助力中小企业解决融资难题和市场准入问题。同时，加强中小企业与大型企业之间的合作与交流机制建设，带动并鼓励产业链上下游环节实现协同发展效应，形成优质的大中小企业融通发展的和谐生态体系。

总的来说，马来西亚电子与半导体工业城的繁荣得益于深厚的历史积淀、坚实的产业基础以及政府的积极引导和市场需求的持续增长等因素的共同作用。马来西亚将继续发挥自身优势条件，积极应对挑战与机遇，并通过技术创新投入、绿色低碳发展理念践行以及数字化转型和智能制造推进等手段，推动产业实现持续升级和发展目标。同时，加大国际合作与区域协同力度，打造具有国际竞争力的半导体产业集群，为全球半导体产业的繁荣与进步贡献马来西亚的智慧和力量。在政府和企业的共同努力下，马来西亚电子与半导体工业城必将迎来更加美好的明天。

三、新能源产业：科研、生产与区域市场的绿色协同

在全球绿色转型的浪潮下，马来西亚正凭借其地理优势、资源禀赋及政府的积极推动，迅速崛起为新能源科研、生产和区域市场的重要枢纽。

（一）电动汽车：引领绿色出行新风尚

近年来，马来西亚的新能源电动车及充电桩市场增长显著。政府的免税政策、采购计划以及充电基础设施建设目标等措施，不仅降低了购车成本，还加速了充电网络的布局。电动汽车市场进一步细分为乘用车、商用车以及纯电动和插电式混合动力汽车等类型。乘用车以其在城市通勤中的便捷性占据主导，而商用车如电动巴士和货车则在公共交通和物流领域大放异彩。马来西亚政府正携手私营企业，共同投资构建覆盖全国的充电网络。同时，随着智慧城市概念的推进，充电桩的智能化管理正日益提升用户体验，进一步助推了市场的拓展。技术创新方面，马来西亚正积极引进和研发先进的电池技术及智能充电系统，以提升电动车的续航和充电效率。

（二）太阳能：光照下的绿色希望

太阳能资源丰富，政策扶持力度大。马来西亚作为太阳能部件的生

产大国，吸引了众多国际知名太阳能企业设厂生产。尽管国内可再生电力行业尚待进一步发展，但政府已制定了一系列扶持政策，旨在大幅提升可再生能源的装机容量。政府计划在未来数年内显著增加太阳能发电装机容量，并挖掘水电的潜在价值，计划通过私人投资来扩大产能。此外，政府还在积极探索太阳能发电与电动车充电网络的融合，以推动更为环保的能源使用方式。技术创新方面，马来西亚正通过产学研合作，不断探索太阳能的高效收集、转换及储存技术。太阳能的应用范围也正从家庭和商业领域向工业和农业等多领域拓展。

（三）风能：沿海地区的绿色能源新选择

马来西亚丰富的风能资源，特别是在沿海地区，为风能市场的发展提供了广阔的空间。政府正积极推动风能项目建设，以促进能源结构的多元化和低碳转型。通过财政补贴、税收优惠和贷款支持等政策，政府正努力降低风能项目的投资风险和运营成本。同时，积极引进国内外先进技术和设备，提升本地风能产业的创新能力和市场竞争力。技术研发方面，马来西亚在风力发电机组、储能技术及智能风电系统等领域取得了显著进展，为风能产业的长期发展奠定了坚实基础。

（四）生物质能：变废为宝的绿色发展实践

马来西亚丰富的农业、林业和有机废弃物为生物质能的发展提供了充足的原料。作为一种可再生且环保的能源形式，生物质能在能源转型中扮演着重要角色。政府在技术研发和示范项目建设上给予了大力支持，推动生物质能源转化、生物质燃料及化学品生产等领域的技术进步。同时，通过财政补贴、税收优惠等政策措施，激励生物质能项目的发展，并建立市场机制以促进可再生能源的发电和消纳。为了促进产业的全面发展，马来西亚正致力于构建完整的生物质能产业链，并通过区域合作与周边国家共同开发生物质能资源，推动产业的共同繁荣。

（五）新能源科研生产基地：创新驱动，绿色未来

马来西亚在新能源领域建立了多个科研平台和创新中心，支持新技术、新材料和新产品的研发工作。这些平台聚集了顶尖的科研人才和团队，装备了先进的科研实验设备，为新能源产业的发展提供了强大的人才和技术支持。政府还规划建设了绿色与新能源生产基地，推动产业链的整合和优化，吸引国内外企业入驻，形成完整的产业链生态系统。在生产过程中，企业积极采用清洁生产技术，减少能耗和污染物排放，践行绿色发展理念。

总之，马来西亚在新能源领域展现出巨大的发展潜力和广阔的市场前景。通过政府支持、科研创新及产业链的整合优化，马来西亚正稳步推进新能源科研、生产和市场基地的绿色革命。在电动汽车、太阳能、风能和生物质能等领域取得的显著进展，不仅促进了本国经济的绿色发展，也为全球新能源产业的发展树立了典范。展望未来，随着技术的不断进步和市场的持续扩大，马来西亚的新能源产业将迎来更加辉煌的发展阶段。

四、数字产业：RCEP 数字创新生态体系的建设

RCEP 对马来西亚数字经济发展产生了深远且积极的影响。

市场拓展与贸易增长：RCEP 为马来西亚数字经济相关企业提供了更广阔的市场。在协定下，马来西亚与其他成员国之间的贸易壁垒降低，数字产品和服务的进出口更加便利。例如，马来西亚的软件、信息技术

服务等数字产业可以更容易地进入 RCEP 成员国市场，增加出口机会，从而推动数字经济规模的扩大。

促进基础设施建设：RCEP 可能吸引更多的投资进入马来西亚的数字基础设施领域。成员国之间的合作以及对数字经济的重视，将促使马来西亚加大对网络、通信、数据中心等数字基础设施的建设力度，提升数字经济发展的基础条件，为数字经济的进一步发展提供支撑。

带动传统产业数字化转型：RCEP 带来的贸易便利化和市场开放，将促使马来西亚的传统产业积极利用数字技术进行升级改造。企业为了在更广阔的市场中竞争，会加大在数字化生产、管理、营销等方面的投入，推动传统产业向数字化、智能化方向转型，提高产业效率和竞争力。

电子商务发展加速：RCEP 制定了统一的电子商务规则，这为马来西亚的电子商务发展提供了有利的政策环境。例如，在海关程序、电子认证、消费者保护等方面的规定，降低了跨境电商的运营风险和成本，提高通关效率和物流速度，促进马来西亚与其他成员国之间的电子商务往来。马来西亚的电商企业可以更便捷地开展跨境业务，吸引更多的国际消费者，同时也有利于本土电商市场的进一步繁荣。

数字技术合作与创新：RCEP 成员国之间的经济合作加强，为马来西亚在数字技术领域的合作与创新提供了更多机会。马来西亚可以与其他成员国在人工智能、大数据、物联网等数字技术方面开展合作研发、技术交流和人才培养等活动，引进先进的数字技术和经验，提升自身的数字技术创新能力，推动数字经济的创新发展。

吸引外资与数字产业发展：RCEP 生效后，马来西亚在数字经济领域的市场潜力和发展前景更受国际关注，有利于吸引更多的外国直接投资（FDI）投入技术及数字产业。自 2023 年以来，外资大量进入马来西亚数字产业，外资的进入不仅带来资金，还带来先进的技术、管理经验和市场渠道，促进了马来西亚数字产业的快速发展，提升了其在区域乃至全球数字经济产业链中的地位。

RCEP 为马来西亚带来了诸多机遇。首先，它涵盖了庞大的人口和经济总量，为马来西亚企业提供了广阔的市场空间。通过降低关税和非关税壁垒，促进贸易和投资自由化便利化，马来西亚的数字产品和服务可以更顺畅地进入其他成员国市场，扩大销售规模。其次，RCEP 鼓励成员国之间加强技术合作和创新，这为马来西亚引进先进的数字技术和管理经验提供了契机，有助于推动产业升级和转型。此外，RCEP 为区域合作搭建了平台，马来西亚可以与中国、东盟等国家在数字经济领域开展广泛合作，共同打造数字生态系统，实现资源共享、优势互补，提升区域整体竞争力。

然而，挑战也不容忽视。一方面，随着 RCEP 成员国之间的经济合作不断加强，数字技术的竞争也将日益激烈。马来西亚需要不断提升自身的技术创新能力，才能在激烈的竞争中立于不败之地。另一方面，数字经济的发展离不开数据的支持，但同时也带来了数据安全和隐私保护的挑战。马来西亚亟须加强数据安全管理，建立并健全数据保护法律法规体系，全力保障用户的数据安全与隐私。此外，人才短缺乃是马来西亚数字经济发展进程中一个极为突出的问题。数字经济的蓬勃发展需要大量高素质的专业人才，然而当前马来西亚在数字技术领域的人才短缺状况较为严峻。为此，马来西亚必须加大对数字人才的培养与引进力度，不断提升人才的素质，增加人才的数量，从而为数字经济的发展提供坚实有力的支撑。

在 RCEP 的大背景下，马来西亚推出了昌明创新与数字生态（RIDE MADANI）计划，致力于将马来西亚打造成 RCEP 数字生态中心、区域总部中心、研发中心、算力中心、数据中心，以及吸引投资和人才中心，以推动马来西亚数字经济的蓬勃发展。

RIDE MADANI 目标：打造完善的数字生态系统，成为 RCEP 数字生态中心。

通过整合各方资源，构建涵盖马来西亚及周边国家的数字基础设施、数字产业、数字服务、数字金融等领域的数字生态系统，为马来西亚数字经济的发展提供全方位的支持。

建设区域总部中心，吸引国内外企业在马来西亚设立区域总部，发挥总部经济的辐射带动作用，提升马来西亚在区域经济中的地位和影响力。

培育研发中心，加大对数字技术研发的投入，吸引国内外科研机构和企业在马来西亚设立研发中心，提高马来西亚的数字技术创新能力，推动数字产业的发展。

发展高性能算力中心，为数字经济的发展提供强大的计算能力支持。同时，推动算力资源的共享和优化配置，提高算力利用效率。

构建安全高效的数据中心，为数字经济的发展提供数据存储、处理和分析等服务。同时，加强数据安全管理，保障数据的安全和隐私。

成为吸引投资和人才的中心。通过优化投资环境和人才政策，吸引国内外投资和人才流入马来西亚，为数字经济的发展提供资金和人才支持。

聚集 100 家头部企业，发挥龙头带动作用，推动数字经济产业链的完善和发展。积极吸引国内外数字经济领域的头部企业入驻马来西亚，促进数字产业链上下游协同发展，提升马来西亚数字经济的整体实力和竞争力。

创造 1000 亿美元投资，为数字经济的发展提供充足的资金支持。通过政策引导、项目推介、投资促进等方式，吸引国内外投资机构和企业在马来西亚数字经济领域进行投资，为数字经济的快速发展注入强大动力。

人才培育与引纳：每年悉心雕琢 100 名领军之才，全力提升数字经济领域的人才素养与创新之力。加大对数字人才的培育力度，实乃当务之急。需构建完备无缺的人才培育体系与科学高效的人才引进机制，为数字经济的持续创新源源不断地注入智慧动能。通过与高校、科研机构及企业紧密携手，培育出一批又一批德才兼备的数字技术精英。同时，以开放之胸怀、优厚之待遇吸引国内外卓越人才奔赴马来西亚，为数字经济的蓬勃发展筑起坚实的人才堡垒。

RIDE MADANI 策略：政策、产业、人才、科技、基金等多位一体的共同协作。

强化政策支撑：马来西亚政府将重磅推出一系列极具针对性的政策举措，全心全力支持数字经济的蓬勃兴起。大幅加大对数字基础设施建设的投入力度，为数字经济的发展筑牢坚实根基；提供丰厚诱人的税收优惠与财政补贴，激发企业的创新活力源泉；加强知识产权保护，为创新成果撑起坚固的守护之伞。

推动产业协作：积极鼓励国内外企业在数字经济领域深入开展合作，

共同精心打造完整无缺的数字产业链与充满活力的生态系统。通过产业合作，实现资源的高效共享、优势的完美互补，进而大幅提升产业的核心竞争力。

加强人才培育与引纳：持续加大对数字人才的培育和引进力度，进一步完善人才培育体系和人才引进机制。与高校紧密携手，开设前沿的数字技术课程，犹如点亮智慧的明灯；与科研机构通力合作，开展关键技术的研发，恰似挖掘创新的宝藏；与企业深度融合，提供实践锻炼的平台，宛如搭建成长的舞台。同时，以优惠的政策、良好的发展环境吸引国内外优秀人才汇聚马来西亚，为数字经济的发展注入强大的人才动力。

提升数字基础设施水准：加快建设高速、稳定、安全的数字基础设施，全力推进 5G 网络的广泛覆盖，打造先进的数据中心和强大的云计算平台。不断提升数字基础设施的覆盖范围和服务质量，为数字经济的发展奠定坚实厚重的基础，犹如为腾飞的巨龙铺设宽广的跑道。

加强数据安全管理：建立健全严密的数据安全管理体系，全方位加强对数据的保护与监管。制定完善的数据安全法律法规，规范数据的收集、存储、处理和使用行为，犹如为数据筑起坚固的城墙。大力加强数据安全技术研发，持续提高数据安全防护能力，为数字经济的发展营造安全可靠的环境，恰似为珍贵的宝藏打造坚固的保险柜。

推动数字金融发展：积极大力发展数字金融，为数字经济的发展提供强有力的金融支撑。鼓励金融机构大胆创新金融产品和服务，精准满足数字经济企业的多元化融资需求，犹如为茁壮成长的幼苗提供充足的养分。加强金融监管，严密防范金融风险，全力保障数字金融的安全稳定运行，为数字经济的发展注入金融活力，恰似为奔腾的河流注入源源不断的活水。

设立数字国际投资基金：设立数字国际投资基金，吸引国内外投资机构和企业参与。基金将重点投资于马来西亚数字经济领域的优质项目和企业，为数字经济的发展提供资金支持。同时，通过基金的运作，吸引更多的国内外投资流入马来西亚。

预计 RIDE MADANI 计划将带来多方面的显著成果。

在经济增长方面，通过打造多个数字中心，吸引投资和人才，推动马来西亚数字经济的快速发展，实现经济的持续增长。数字经济规模有望大幅扩大，预计到特定年份，马来西亚数字经济规模将达到可观的数额，占 GDP 的比重也将显著提高。

在产业升级方面，推动马来西亚传统产业向数字经济转型，提高产业效率和竞争力。培育一批具有核心竞争力的数字企业，形成数字产业集群，提升马来西亚在区域数字经济产业链中的地位。

在人才培养方面，加大对数字人才的培养和引进力度，提高人才的素质和数量。预计到特定时间，马来西亚数字技术人才数量将大幅增加，为数字经济的发展提供有力的支撑。

在区域合作方面，加强与中国、东盟等国家在数字经济领域的合作，共同打造数字生态系统，实现资源共享、优势互补，提升区域整体竞争力。推动 RCEP 成员国之间的数字经济合作，为区域经济一体化作出贡献。

此外，聚集 100 家头部企业将带动产业链上下游协同发展，创造 1000 亿美元投资将为数字经济发展提供强大的资金保障，每年培训 100 名领军人才将为数字经济的持续创新提供智力支持。

总之，RIDE MADANI 计划是马来西亚在 RCEP 机遇下的重要举措，有望推动马来西亚数字经济实现跨越式发展，提升其在区域乃至全球的竞争力。

五、清真产业：全球中心地位及其投资意义

马来西亚作为伊斯兰文化的聚集地，不仅在国内拥有广泛的清真食品市场，更在国际上享有盛誉，被视为全球清真产业的重要中心之一。马来西亚政府积极推动清真食品产业的发展，通过制定优惠政策和提供完善的基础设施，为清真食品产业的繁荣创造了有利条件。此外，马来西亚还拥有丰富的原材料资源和熟练的劳动力，为清真食品的生产提供了坚实的基础。

在全球清真食品市场中，马来西亚以其高品质、多样化的清真食品脱颖而出。马来西亚的清真食品具备领先的清真认证体系、强大的产业基础和多元化的产品供应。Hala 国际标准认证是清真食品产业的重要认证体系之一，其在国际上的地位日益凸显。该认证标准严格遵循清真和食品安全法规，确保清真食品的纯净、安全和高质量。通过 Hala 国际标准认证的清真食品不仅受到清真消费者的信赖，也赢得了其他消费者的青睐。马来西亚作为 Hala 国际标准认证的重要推动者和实践者，在清真食品认证方面具有丰富的经验和优势。马来西亚的清真食品企业通过获得 Hala 国际标准认证，进一步提升了其在国际市场上的竞争力和品牌形象。

同时，马来西亚的清真食品具有深厚的历史和文化底蕴。多元文化背景使得马来西亚的清真食品不仅满足了穆斯林消费者的需求，同时也

吸引了非穆斯林消费者。马来西亚利用其丰富的文化优势和国际影响力，积极推广清真食品文化。马来西亚政府通过举办国际清真食品展览会、论坛等活动，为国内外清真食品企业提供了一个交流与合作的平台。这些活动不仅展示了马来西亚清真食品的丰富多样性和高品质，还促进了国际清真食品市场的繁荣与发展。同时，马来西亚还利用其在清真世界的文化影响力，通过媒体宣传、文化交流等方式推广清真食品文化。这使得越来越多的消费者了解并接受清真食品，进一步拓展了清真食品的市场空间。

投资马来西亚的清真食品产业具有深远的意义。首先，随着全球清真需求人口的增加和清真食品市场的不断扩大，投资清真食品产业具有巨大的市场潜力。马来西亚作为全球清真食品中心，为投资者提供了丰富的商机和广阔的市场空间。其次，马来西亚政府为清真食品产业提供了优惠的政策支持和完善的基础设施，降低了投资者的运营成本和风险。此外，马来西亚的清真食品产业已经形成了完善的产业链和供应链体系，为投资者提供了便捷的采购、生产和销售渠道。最后，投资马来西亚的清真食品产业还有助于推动国际清真食品文化的交流与传播，促进不同文化之间的理解与融合。这不仅有助于增强马来西亚在国际清真食品市场的影响力，还能为投资者带来更多的商业机会和回报。

依托马来西亚清真产业在全球的战略重要性，中马清真绿色产业经济走廊应运而生，为两国清真产业的合作与发展开辟了全新的机遇与平台。中马清真绿色产业经济走廊是在马来西亚第一副总理兼乡村及区域发展部长艾哈迈德·扎希德·哈米迪博士的引领下，由马来西亚清真发展局和中国丝路集团联合中国和马来西亚有关单位倡导并推进的重大合作项目。该项目深度贯彻中国"一带一路"倡议，旨在促进中马两国在经贸等多领域的深度合作，满足"一带一路"沿线国家清真群体日益增长的市场需求，并共同应对市场挑战，携手开创合作与发展的新篇章。

目前，全球有超过 20 亿清真需求人口，清真食品市场拥有庞大的市场需求。若将因关注食品卫生安全和特殊饮食需求而选择清真饮食的其他群体纳入考量，则全球的清真食品消费者数量不少于 25 亿。这一庞大的市场需求催生了巨大的市场潜力，目前全球清真食品的年贸易额已达到 6500 亿美元。一方面，中国清真食品产业面临挑战。中国拥有超过 3000 万的清真人口，清真食品生产历史悠久，已累计超过 1200 年的经验，并形成了大规模的清真食品产业。然而，中国清真食品的出口额近年来一直徘徊在年均 2 亿美元左右，这与中国庞大的相关产业极不相配。另一方面，马来西亚在清真食品领域具有优势。马来西亚不仅是重要的清真食品消费国，也是伊斯兰世界重要的清真食品生产国，其清真食品的国际认证体系广受国际的认可。随着全球清真人口的增长和清真食品市场需求的不断扩大，以及 RCEP 的全面落地，马来西亚作为海上"一带一路"的重要枢纽，其辐射中东、东盟贸易群体的战略地位日益凸显。因此，中马合作具有巨大潜力。中国与马来西亚在清真食品领域均占据重要地位，两国在清真食品产业合作方面可实现优势互补，具有巨大的合作发展潜力和空间。通过深度合作，两国可共同开拓国际市场，推动清真产业的全球化发展。

中马清真产业经济走廊将涵盖符合清真要求的各类产品和服务，包括食品、药品、化妆品以及相关的金融服务等。中国和马来西亚作为这个经济走廊的核心节点，将成为国际清真产业合作的生产中心、认证中心、展示中心、培训中心、物流中心和金融服务中心，共同推动全球清真产业的繁荣和发展。具体而言，中马清真产业经济走廊将建立"一平台、两中心、多基地"的清真产业生态。"一平台"即中国／马来西亚清真产业 B2B/B2C 线上交易和展示平台，利用现有的成熟跨境电商平台，开设中马清真产品专用频道，搭建线上销售网络。"两中心"，一是 Halal 产品认证与标准化中心，将在马来西亚吉隆坡以及中国西安市或银川市建立国际认可的清真产品认证体系；二是清真产品线下展销中心，将优化或新建展销中心，进行清真产品企业品牌推广。"多基地"包括中国基地、马来西亚基地以及未来在其他国际市场建立的区域展销和服务中心，以清真产品研发和生产、认证和展示等为主。

为确保中马清真绿色产业经济走廊的落地与实施，两国相关机构将采取一系列保障措施。政府将加大对清真产业的支持力度，制定有利政策，推动产业升级和当地产业发展。同时，合作各方将联合发起专项产业发展基金，支持清真产品的生产、研发、认证和国际市场拓展等方面的项目。在法制监督方面，将强化食品安全监管，确保清真食品的质量和卫生安全，并完善相关法规政策，保护企业的合法权益。此外，还将加强清真产业行业人才的培养和引进工作，提升行业整体素质和竞争力。

中马清真绿色产业经济走廊的建设将带来多方面的意义和影响。首先，它将促进中马两国在清真产业领域的深度合作，推动双方贸易往来和经济发展。其次，该走廊将有效满足全球穆斯林群体对清真产品日益增长的需求，提升他们的生活质量。同时，该走廊还将推动清真产业的国际化发展，提升产业整体水平和全球竞争力。此外，走廊的建设有助于加强两国文化交流与相互理解，增进双方对彼此文化的认知和尊重。

最后，清真产业的发展将带动相关产业的增长，为两国创造更多的就业机会和经济效益。

综上所述，中马清真绿色产业经济走廊是中马两国在清真产业领域的重要合作项目，具有重要的战略意义和发展潜力。通过构建清真产业国际合作生态系统，并采取有效的合作保障措施和推进计划，双方将实现优势互补、互利共赢的发展目标，共同推动全球绿色清真产业的繁荣和发展。该走廊的建设将为两国带来经济和文化等多重收益，也为"一带一路"沿线国家的合作提供有益的借鉴和示范。相信在双方的共同努力下，中马清真绿色产业经济走廊将取得丰硕的成果，为两国人民带来实实在在的利益。

第七章

致富天堂：
商业与投资的璀璨宝地

马来西亚具有巨大的经济发展潜力，吸引无数创业者和投资者的目光。稳定的政治经济环境、完善透明的法律体系以及公平公正的商业规则为他们提供了坚实有力的保障和支持。

一、巨大的经济发展潜力

马来西亚，这个位于东南亚的多元文化国家，近年来以其独特的地理位置、丰富的自然资源以及稳健的经济政策，展现出巨大的发展潜力，成为东南亚地区最具吸引力的投资目的地之一。在科技产业、电子商务与物流、制造业、旅游业以及可再生能源等多个领域，马来西亚都呈现出蓬勃发展的态势，为国家的未来发展奠定了坚实基础。

近年来，马来西亚的经济保持着稳健的增长态势。世界银行数据显示，2023 年马来西亚实现了 3.6% 的 GDP 增长，高于东南亚地区的平均增速。此外，人均 GDP 也稳定进入中高收入国家行列。尽管全球经济环境充满不确定性，但马来西亚经济仍表现出色。特别是在某些季度，GDP 同比增长率超出市场预期，显示出其经济的强劲韧性。国际货币基金组织（IMF）预测，未来五年内马来西亚有望持续保持年均 4% 以上的增长率。这种强劲的增长得益于政府在吸引投资、改善营商环境和多元化经济结构方面的努力。例如，通过 RCEP 进一步巩固了其在区域和全球供应链中的地位。

马来西亚在全球科技产业，尤其是半导体领域，扮演着不可或缺的角色。该国已成为全球半导体产业链中的重要一环，尤其在封装和测试环节具有显著优势。目前，马来西亚占据全球半导体封装和测试市场的 13%。马来西亚拥有完善的半导体产业基础设施和专业的技术人才，这使得它在全球半导体市场中占据了一席之地。随着全球半导体供应链的重组，越来越多的半导体企业选择在马来西亚投资，以分散风险并确保供应链的稳定。英特尔、AMD 和德州仪器等国际巨头都在马来西亚设立了关键运营基地。2023 年，马来西亚在科技领域吸引了超过 150 亿美元的外资，占全年总 FDI 的 30%。马来西亚政府也积极抓住这一机遇，通过政策引导、财政支持等措施，致力于实现产业升级，推动半导体产业向更高附加值领域迈进。这一发展趋势为马来西亚带来了大量的就业机会和税收收入，并进一步推动了相关产业链的发展，如材料供应、设备制造等。

随着互联网普及率达到 89%（2023 年），电子商务已成为马来西亚增长最快的行业之一。据 Statista 的报告，2023 年马来西亚电子商务市场规模达到 180 亿美元，同比增速达 21%。Shopee、Lazada 等电商平台的快速扩张，带动了物流行业的繁荣。

马来西亚政府积极推动物流基础设施的建设和技术升级，包括海关、港口、机场、公路和铁路等，以提高物流效率和服务质量。同时，政府还鼓励企业采用先进的物流技术和管理方法，如自动化仓储、智能配送等，以降低物流成本并提高竞争力。这使得马来西亚成为东南亚地区不可或缺的物流枢纽，吸引了众多国际物流企业的投资。

在制造业方面，马来西亚也具备强劲的发展潜力。马来西亚制造业的优势在于其完善的产业链和战略性地理位置。该国拥有完善的工业体系和优越的地理位置，使得它成为国际企业设立生产基地的理想选择。特别是在汽车、电子和机械等关键领域，马来西亚的制造业已经形成了较为完整的产业链，并具备了一定的国际竞争力。2023年，制造业贡献了GDP的23%，其中汽车、电子和机械领域表现尤为强劲。特别是绿色制造业的崛起，使马来西亚在全球范围内树立了可持续发展典范。政府通过"工业4.0政策框架"推动智能制造，引入人工智能、大数据和自动化技术，进一步提升生产效率和国际竞争力。这一策略不仅吸引了丰田、松下等国际企业扩大投资，也为本地中小企业创造了合作机会。

马来西亚的旅游业也是一片投资新蓝海。马来西亚的旅游业以其丰富的自然资源、多元的文化遗产和快速增长的市场潜力，在国际旅游市场中占据独特地位，成为投资者关注的重点领域。近年来，随着政府对旅游业的重视和政策支持，马来西亚旅游业展现出强劲的发展势头，为国内外投资者提供了巨大的商机。政府积极推动旅游基础设施建设，包括机场扩建、道路网络优化和智能化景区管理系统的引入，不断提升旅游服务的质量和效率。此外，政府还通过全球化的推广活动，打造"马来西亚，亚洲魅力所在"的国际品牌形象，吸引更多游客，同时创造了更广阔的商业机会。针对旅游业的多元化发展，马来西亚鼓励民间资本投入特色旅游项目，包括高端度假村、生态旅游、医疗旅游和文化体验项目。这种创新型发展模式不仅为投资者提供了多样化的选择，也有效满足了现代游客日益变化的需求。随着全球旅游业复苏和亚洲旅游市场的持续扩张，马来西亚已成为具有吸引力的旅游投资目的地之一。从国际连锁酒店集团到本地创业公司，越来越多的投资者选择布局马来西亚旅游业，以抓住这一发展机遇，开拓市场潜力。投资马来西亚旅游业，不仅可以在短期内受益于游客增长的红利，更能够借助其政策支持和区域优势，实现长期稳定回报。这一领域的发展前景无疑为全球投资者开启了一片广阔的蓝海。

作为"碳中和"目标的积极践行者，马来西亚在可再生能源领域展现出巨大的潜力。2023 年，太阳能发电量同比增长 40%，总装机容量达到 2.3GW。马来西亚正在吸引国际合作伙伴共同投资绿色能源项目，如马来西亚国家能源公司（TNB）与日本三菱集团合作，开发浮动太阳能发电技术。政府的可再生能源发展蓝图提出，到 2050 年可再生能源将占全国能源结构的 50%。这一战略不仅有助于能源转型，还为本地企业带来创新与合作机会。

在全球对可持续农业、绿色经济和食品安全需求日益增加的背景下，马来西亚凭借得天独厚的自然条件、丰富的农业资源和蓬勃发展的农业现代化，为农业领域的投资提供了丰厚的回报机会。该国在棕榈油、橡胶、可可、热带水果（如榴梿和菠萝）以及渔业领域占据国际市场的重要地位。尤其是棕榈油产业，马来西亚是全球最大的生产和出口国之一，占全球市场的 30% 以上。此外，作为"果王"的榴梿，特别是马来西亚的猫山王榴梿，因其独特的口感和高品质，备受亚洲市场青睐，形成了高附加值的出口产业链。马来西亚政府高度重视农业领域的可持续发展和产业现代化，通过一系列政策和计划吸引外资并推动农业技术创新。例如，《农业和食品工业政策框架（2021—2030）》明确提出，通过智能农业、精准农业和数字化平台的引入，提升农业生产效率和附加值。同时，政府还通过税收优惠、土地利用政策和研发资金支持，为农业领域的投资者创造了有利环境。马来西亚在东盟地区的战略地理位置，使其成为区域农业贸易的中心。通过 RCEP 和"一带一路"倡议，马来西亚的农业产品不仅可以进入庞大的东盟市场，还可覆盖中国、中东及欧洲等高需求地区。此外，全球消费者对有机食品和绿色农业产品的需求增长，也为投资者开辟了新的市场空间。马来西亚农业领域的投资机会涵盖多个方面：高值农产品，如榴梿、燕窝、有机食品等高端市场产品的种植与出口；可再生农业资源，如生物燃料、棕榈废料的综合利用；智能农业基础设施，农业科技企业可提供硬件和软件支持，如农业机器人、数据分析平台等；食品加工与出口，通过深加工提高农产品的附加值，拓展国际市场；农业旅游，结合生态旅游和农业体验，打造新型旅游产业链等等。随着全球绿色经济的崛起，投资可持续农业已成为企业社会责任和经济效益并重的选择。马来西亚通过其政策支持、科技创新和国际合作，正稳步迈向成为绿色农业经济的先锋国家。对投资者而言，进入马来西亚农业领域，不仅能受益于其资源优势和市场潜力，还能在全球绿色经济转型中占据战略先机，实现长期稳定的投资回报。

从投资的角度来看，马来西亚在多个关键行业展现了巨大的增长潜力，特别是在科技产业、电子商务与物流、制造业、旅游业和可再生能源等领域。这些行业不仅受到马来西亚优越的自然资源和地理位置的推动，还得益于政府的积极政策支持，推动了现代化进程和产业的转型升级。随着全球经济的不断变化，马来西亚将继续发挥其独特的优势，吸引更多的外国投资，并且通过持续创新与升级，增强其在全球经济中的竞争力。对于投资者而言，马来西亚提供了一个充满机遇的市场，不仅能利用其产业多元化的优势，还能抓住其地理优势，进一步拓展到亚洲乃至全球市场。展望未来，马来西亚将在全球经济格局中扮演越来越重要的角色，为投资者提供稳定且具有高增长潜力的投资机会。

二、稳定的政治经济环境

近年来，全球政治格局不稳定的大背景下，马来西亚拥有稳定的政治经济环境，为商业和投资提供了可靠的保障，成为众多国际企业选择的投资目的地。

马来西亚拥有多党制的民主政治体系，并通过定期举行自由和公正的选举，保证了政治制度的稳定性。无论是国内政策还是对外政策，马来西亚政府在多年的治理中展示了较强的连续性与一致性。政策框架基本保持稳定，即使经历了不同的领导层更替，政府依然能够在社会各界的支持下推进国家的经济和社会发展，确保国家发展方向不受剧烈波动的影响。

马来西亚是一个多民族、多文化的国家，政府通过推行包容性政策和社会和谐措施，积极促进各民族和宗教群体的和谐共处。例如，马来西亚的"新经济政策"旨在提升马来族群的经济地位，并确保社会各群体利益平衡。通过这样的政策，马来西亚成功避免了许多与民族问题相关的政治冲突，维持了社会的稳定，为外资企业在当地的运营提供了安全的社会环境。

政治稳定直接影响到经济发展，马来西亚持续的经济增长和国际化进程也得益于其政治环境的稳定。政府能够有效管理国家资源、推动基础设施建设和产业升级，确保经济在稳定的政治环境中保持增长。

在国际关系方面，马来西亚政府积极与其他国家开展合作，加强国际交流与合作，提升国家的国际地位。马来西亚是东南亚国家联盟（东盟）的重要成员，致力于推动地区经济一体化和合作。同时，马来西亚也与世界各大经济体保持着密切的贸易和投资关系，为国内外企业提供了广阔的市场和合作机会。例如，马来西亚与中国的"一带一路"合作取得了显著进展，大量中国企业投资马来西亚，建设高速铁路、港口等基础设施项目。此外，马来西亚与其他主要经济体（如美国、欧盟、日本）也保持着稳定的经贸关系，增强了国际贸易的流动性和企业在马来西亚的投资信心。这种稳定的政治环境和积极的国际关系为投资者提供了可靠的法律保障和政策支持，进一步增强了马来西亚作为投资目的地的吸引力。

马来西亚政府鼓励外国投资，并通过多种优惠政策和法规为外资企业提供良好的经营环境。政府稳定的执政力量和明确的经济战略，使得外资能够在一个相对低风险的环境中进行长期投资。马来西亚还设立了多个自由贸易区和工业区，为投资者提供一站式的服务和支持，降低了企业运营成本，并促进了产业集群的发展。此外，马来西亚还拥有丰富的人力资源，劳动力素质较高，且劳动力成本相对较低，为企业提供了充足的人才储备和竞争优势。

马来西亚的通货膨胀率和失业率长期保持在一个低水平，并且马来西亚林吉特（MYR）的汇率相对稳定。相对较低的通货膨胀率意味着物价水平相对稳定，企业和投资者可以更好地规划和控制成本。低失业率则表明马来西亚的劳动力市场健康稳定，企业可以更容易地找到合适的员工。而货币的稳定则为国际贸易和投资提供了便利，降低了汇率风险，增强了投资者对马来西亚市场的信心。

马来西亚的政治稳定性不仅体现在国内政治体系的成熟和政府的稳定执政上，也表现在其良好的民族和社会和谐、稳固的经济基础以及积极的国际外交政策上。正因如此，马来西亚被认为是东南亚区域内政局较为稳定的国家之一，吸引了大量外资并成为区域合作的重要支点。

三、完善透明的法律体系

马来西亚的法律体系基于英国普通法，融合了伊斯兰法和马来传统法，形成了独特的混合法系。这个法治体系提供了清晰的法律框架，能够有效保障商业合同、产权和知识产权等方面的权益，确保所有企业和个人的行为都受到法律的约束。此外，马来西亚拥有独立的司法系统，法院具有高度的公正性和透明度，在处理商业争端时公正高效，能够为投资者提供必要的法律保护。

（一）法律制度的健全性

马来西亚的法律体系是一个多维度、全方位的架构，它不仅覆盖了传统的商业与投资领域，还深入到了知识产权保护、劳动法规、环境保护等多个关键领域。这种广泛而深入的覆盖确保了无论是本土企业还是外国投资者，在进行各类经济活动时都能找到明确的法律依据和指导。特别是在商业和投资领域，马来西亚的公司法、合同法、竞争法等详细规定了企业设立、运营、交易及争议解决的相关流程和标准。对外资而言，马来西亚还通过一系列优惠政策和外资准入规则，保护外国资本的流动和增值，增强了市场的透明度和可预见性，降低了投资风险。这种法律体系的健全性为投资者提供了可靠的保障，确保了商业活动在法律框架内的顺利进行。

（二）法律执行的严格性

马来西亚政府深刻洞悉，法律的生命力在于执行。因此，国家不仅制定了详尽的法律条文，更在执法层面投入了大量资源，确保每一项法律都能得到有效实施。政府通过加强执法机构的能力建设、提高执法人员的专业素养，以及采用现代化的执法手段，显著提升了法律执行的效率和公正性。对于违反商业法规、侵犯知识产权、不正当竞争等行为，执法部门采取了严厉的打击措施，有效维护了市场的公平竞争环境和投资者的合法权益。这种对法律尊严的坚决维护，进一步增强了国内外投资者对马来西亚法律环境的信心。

（三）法律的高透明度

马来西亚法律体系的另一大亮点是其高度的透明度。法律条文不仅内容清晰、逻辑严密，而且易于公众获取和理解。政府通过官方网站、法律数据库等多种渠道，积极公开法律法规、政策解读、案例判决等信息，使得企业和个人能够方便快捷地获取所需的法律资源。这种开放透明的法律环境，不仅便利了商业和投资活动的规划与执行，也促进了社会各界对法律制度的监督与参与，共同推动了法治文化的深入发展。

综合来看，马来西亚凭借其完善透明的法律体系，为商业和投资活动提供了强有力的法律支撑。法律制度的健全性、执行的严格性以及法律环境的高度透明度，共同构建了一个既有利于经济发展又保障公平正义的法治环境。这种法律优势无疑将进一步吸引投资者的关注，推动国家经济的持续健康发展。尤其是在"一带一路"倡议等全球合作项目中，马来西亚的法律优势将为其带来更多投资机会，促进区域经济的进一步一体化和合作。

四、公平公正的商业规则

马来西亚，这个位于东南亚的多元化国家，不仅以其丰富的自然资源、多元文化和独特的地理位置吸引着世界的目光，更以其公平公正的商业规则、良好的市场竞争环境以及优越的投资条件，成为众多企业和投资者心中的理想之地。在这里，商业和投资活动不仅得到了充分的支持与鼓励，更是在一个透明、公正的环境中蓬勃发展。

马来西亚政府推动公平竞争的政策。政府积极实施并加强了相关的法律法规建设，确保市场的公正性。马来西亚通过加强法律法规建设，严厉打击垄断和不正当竞争行为，确保所有企业都能在同一起跑线上竞争，享受平等的发展机会。这样的环境极大地激发了企业的创新活力，无论是本土企业还是外资企业，都能在这里找到成长的土壤，实现自身的价值与梦想。例如，马来西亚的竞争法禁止垄断和不正当竞争行为，这对于国内外企业来说，提供了一个公平的竞争环境。该法不仅适用于本土企业，还对跨国公司施行相同的监管标准，确保所有企业在市场中有平等的发展机会。政府对违反市场竞争规则的行为采取严厉打击措施，维持市场秩序，防止不公平的商业行为。

马来西亚制定了清晰明确的商业交易规则，具体且执行严格。无论是大宗商品的国际贸易，还是日常商品交易，马来西亚都制定了详细的法律框架以保障交易双方的权益。合同执行的严格性使得交易双方都能在透明和公正的环境中完成交易，减少了纠纷的发生，从而增强了商家对马来西亚市场的信任。例如，马来西亚合同法规定了合同的效力、条款的执行及违约责任等内容，确保在商业活动中，合同一旦签订就具备法律约束力。

马来西亚在保护投资者权益方面也采取了多项有效措施。首先，马来西亚的法律体系为投资者提供了明确的产权保护，特别是在知识产权方面，马来西亚设立了专门的知识产权法院，并加大了对侵权行为的打击力度。此外，马来西亚还建立了完整的投资争端解决机制，提供了便捷的司法途径，确保投资者在遇到纠纷时能够得到公正地解决。例如，马来西亚的知识产权法为创新型企业提供了有效的版权、专利、商标等的法律保护。同时，马来西亚政府还建立了投资促销中心，为外国企业提供投资咨询、市场分析及争端解决等服务，确保投资者能够在遇到法律问题时得到及时帮助和公正裁决。

综上所述，马来西亚凭借其公平公正的商业规则、规范有序的市场竞争环境以及优越的投资条件，成功构建了一个既有利于本土企业发展，又深受国际投资者青睐的商业生态系统。随着政府在吸引投资、保护投资者权益和维护市场竞争公平方面的不断努力，马来西亚已经成为全球投资者的理想之地。投资者在这里能够享受到一个稳定、公正、透明的市场环境，有效保障其商业活动和长期投资的可持续性。

五、商业与投资的发展机遇

对于那些有志于拓展商业版图、寻找投资良机的人们来说，马来西亚无疑是一片充满机遇的热土。在这个多元化、开放且充满活力的国家，无论是寻求新兴产业发展机遇的先锋，还是希望在基础设施建设领域大展拳脚的企业家，抑或是渴望通过区域合作深入国际市场布局的投资者，都能在这里找到属于自己的舞台。

新兴产业在马来西亚正如雨后春笋般崛起。马来西亚在人工智能、大数据、区块链等前沿领域的快速崛起，为国际投资者提供了介入未来经济的良机。这些新兴产业展现出强大的增长潜力，且具有以下投资优势：

政策支持：马来西亚政府积极推动数字经济发展，如实施《马来西亚数字经济蓝图》，通过政策激励、基础设施建设和人才培养吸引国际投资。

市场需求：本地企业对数字化转型的需求旺盛，为科技公司和解决方案提供商创造了广泛的市场。

区域协同：作为东盟成员，马来西亚为数字技术领域的区域合作提供了重要平台，助力投资者拓展东盟市场。

与此同时，马来西亚政府对基础设施建设的重视和投入，也为商业和投资活动带来了前所未有的机遇。基础设施建设一直是推动经济发展的重要引擎。马来西亚对交通、能源和通信领域的投入不仅加速了国内经济的转型，也为全球投资者带来了稳定且回报丰厚的投资机会：

交通领域：如隆新高铁等重大项目，不仅改善了区域连通性，也为相关技术供应商、工程承包商和金融机构提供了合作机会。

能源领域：在绿色转型的推动下，可再生能源项目如太阳能、风能的发展需求强劲，吸引了国际资本的参与。

通信领域：5G 网络的全面铺开，为通信设备供应商和互联网服务提供商提供了新的发展空间。

更值得一提的是，马来西亚在区域经济合作方面的积极态度和实际行动，为商业和投资活动搭建了更加宽广的舞台。作为东盟自由贸易区的重要成员，马来西亚不仅享受着区域内贸易自由化的便利，还通过"一带一路"倡议等国际合作平台，与更多国家和地区建立了紧密的经贸联系。马来西亚的地理优势和国际合作态度，使其成为投资者通向全球市场的理想跳板：

东盟市场：通过参与东盟自由贸易区和 RCEP，马来西亚企业能够进入 6 亿以上人口的市场，投资者也可借助其在区域内的网络拓展业务。

"一带一路"合作：作为"一带一路"倡议的关键节点，马来西亚吸引了大量基础设施、物流和贸易领域的中国投资，这种合作不仅带动了本地经济，也为国际投资者创造了参与"一带一路"项目的机会。

清真产业全球化：马来西亚作为清真产业的全球领导者，其完善的清真认证体系为食品、化妆品、医药等行业的企业提供了向全球穆斯林市场出口的契机。

马来西亚的文化资源和自然风光为旅游和相关服务产业提供了巨大的发展空间。以下领域特别值得关注：

高端旅游：随着中产阶级的增长和旅游消费的升级，豪华度假村、生态旅游等高端服务项目市场广阔。

文旅融合：马来西亚的多元文化特色为文化产业与旅游业的结合创

造了可能，投资者可通过开发主题文化活动、艺术展览和传统节庆，吸引更多国际游客。

综上所述，马来西亚在商业和投资领域所展现出的机遇是全方位、多层次的。无论是新兴产业的蓬勃发展，还是基础设施建设的巨大需求，抑或是区域经济合作的深入推进，都为有志于在此开展商业和投资活动的人们提供了丰富的选择和无限的可能。

马来西亚持续优化其营商环境，以透明、高效的投资流程吸引全球投资者。通过税收减免、专项补贴等政策激励措施，马来西亚吸引了大量高科技、绿色和创新型企业入驻。同时，稳定的法治环境与强大的知识产权保护制度为企业发展提供了坚实保障。得益于多元文化背景和多语言优势的高素质劳动力，国际企业在马来西亚的落地和运营更加顺畅，为投资者创造了广阔的发展空间和长期信心。

未来，随着马来西亚进一步深化经济改革和国际合作，其商业与投资的潜力将进一步释放，助力企业实现长期发展。

第八章
全球价值链的枢纽地位

　　随着技术进步、贸易政策调整以及消费者需求的变化，全球价值链的演变趋势日益明显，呈现出动态调整与区域化深化的特点。在这一过程中，新兴经济体逐渐崭露头角，从全球价值链的低端环节向中高端攀升，挑战并改变着传统的国际分工格局。

　　新兴经济体如中国、印度、巴西等，通过积极融入全球价值链，利用技术外溢效应提升自身技术水平，逐步从初级产品出口加工向高附加值环节过渡。这一变化不仅促进了这些国家自身的产业升级和经济增长，也为全球价值链注入了新的活力与机遇。同时，面对新一轮科技革命和产业融合的趋势，发达国家的跨国公司也开始重新梳理全球价值链布局，将部分制造环节回流本土，并在发展中国家设立研发机构，以应对市场需求的快速变化。

　　在此背景下，马来西亚作为全球价值链中的重要一环，在全球价值链的重塑中拥有巨大的发展机遇，正积极谋求成为新中心枢纽的愿景。

作为东南亚地区的经济枢纽，马来西亚不仅能够连接中国与南亚、中东澳新市场，还能够在区域内发挥重要的物流、贸易和金融服务功能。

随着"一带一路"倡议的深入实施和 RCEP 等自由贸易协定的推进，马来西亚在全球价值链中的地位将得到进一步巩固和提升。通过加强与周边国家的互联互通和经贸合作，马来西亚有望成为推动区域经济增长和合作的重要力量。

一、全球贸易中转枢纽的战略地位

在全球贸易日益紧密的今天，寻找高效、便捷的中转枢纽成为众多国家和企业关注的焦点。凭借其得天独厚的地理位置、完善的基础设施以及积极的贸易便利化政策，马来西亚正逐步崛起为全球贸易的重要中转枢纽。

（一）马来西亚是连接亚洲与世界的天然桥梁

马来西亚地理位置优越，处于全球重要的航运和航空运输枢纽。马来西亚不仅位于全球贸易的关键航线上，还紧邻多个快速发展的经济体，如中国、印度、日本、韩国以及东南亚的众多国家。这使得马来西亚在货物运输、人员流动以及信息交流方面具有显著优势，成为全球贸易的重要节点。无论是海运、空运还是陆运，马来西亚都能提供高效、便捷的物流通道，满足全球贸易的需求。

（二）马来西亚具备完善且高效的物流基础设施体系，能够有效支持全球贸易的需求，确保快速高效的货物流通

港口设施：马来西亚拥有一系列现代化、高效率的港口设施，其中

巴生港更是全球知名的集装箱港口之一。巴生港年吞吐量高达 1200 多万标准箱（TEU），在全球集装箱港口排名中稳居前列，是马来西亚最重要的国际贸易门户之一。此外，吉隆坡港、关丹港和波特迪克森港等也是马来西亚重要的港口，它们共同构成了覆盖全马的港口网络，为国际贸易提供了强有力的支持。这些港口不仅设施完善、技术先进，还拥有高效的货物处理能力和广泛的航线网络。它们与全球各大港口保持密切合作，为进出口商提供了一站式的物流解决方案，包括仓储、装卸、转运、报关等全方位服务。同时，马来西亚政府还不断加大对港口基础设施的投资力度，以进一步提升港口的竞争力和吸引力，满足日益增长的国际贸易需求。

航空枢纽：马来西亚的航空业同样发达，拥有多个国际机场编织成的密集空中网络。吉隆坡国际机场作为国际航空枢纽，连接着全球众多国家和地区，为旅客和货物提供了便捷的空中通道。该机场拥有先进的设施和服务，能够满足各种类型的航班需求，包括货运航班、客运航班以及包机服务等。此外，槟城、兰卡威、亚庇等国际机场也发挥着重要作用，共同支撑起马来西亚的空运体系。马来西亚政府致力于提升航空枢纽的服务质量和运营效率，通过引入先进的航空技术和管理经验，推动航空业的持续发展。同时，马来西亚还积极与周边国家开展航空合作，共同打造区域航空网络，为国际贸易提供更加便捷的空运服务。这些努力使得马来西亚在全球航空运输领域具有重要地位和影响力。

物流网络：除了港口和航空枢纽外，马来西亚还拥有完善的物流网络。其国内公路、铁路和水路交通发达，连接着全国各大城市和地区。马来西亚政府注重交通基础设施的建设和升级，不断提升公路、铁路和水路的运输能力和效率。同时，马来西亚还积极参与区域物流合作，与周边国家共同推动跨境物流的发展。通过建设跨境物流通道、优化物流流程、提升物流效率等措施，马来西亚为国际贸易提供了更加便捷、高效的物流解决方案，进一步增强其作为区域及全球贸易枢纽的地位。

（三）马来西亚政府深知国际贸易便利化对于提升国际竞争力的重要性，因此采取了一系列措施，确保高效的贸易环境

简化通关程序：马来西亚海关致力于简化通关程序，提高通关效率。通过引入先进的通关技术和管理系统，实现通关流程的自动化和智能化，大大降低了企业的通关成本和时间成本。同时，马来西亚还加强了与周边国家的海关合作，共同推动跨境通关的便利化。这些措施有效提升了国际贸易的便捷性，使得马来西亚成为全球贸易中的重要中转站。

税收优惠与激励政策：为了吸引全球企业在马来西亚设立区域总部、分销中心等，马来西亚政府制定了一系列税收优惠和激励政策。例如，对于在马来西亚投资的企业，政府可提供所得税减免、投资税收抵免等优惠政策；对于设立区域总部或分销中心的企业，政府还可提供额外的财政补贴和税收减免等支持措施。这些政策有效降低了企业的运营成本和市场风险，增强了马来西亚作为全球贸易中转站的吸引力。

提升物流服务品质：马来西亚政府对提升物流服务的品质与效率高度重视。一方面，通过强化对物流企业的监管与指导，有力推动物流行业朝着规范化、标准化的方向稳步迈进。另一方面，积极引入先进的物流技术与设备，大幅提升物流服务的自动化、智能化水平。同时，不断加强与国内外物流企业的合作与交流，全力推动物流资源的共享以及优化配置。这些举措极大地提升了马来西亚物流服务的竞争力与影响力，

为全球贸易提供了更为优质、高效的物流保障。

得益于优越的地理位置、完善的基础设施以及积极的贸易便利化政策，马来西亚正逐步吸引全球企业在此设立区域总部、分销中心等。这些企业的入驻不仅为马来西亚带来了大量的投资和就业机会，还进一步提升了马来西亚在全球贸易中的地位和影响力。

跨国公司的青睐：许多跨国公司看好马来西亚的发展前景和市场潜力，纷纷在此设立区域总部或分销中心。这些企业利用马来西亚的地理优势和物流网络，将产品销往亚洲乃至全球市场。同时，它们还借助马来西亚的人才资源和技术支持，推动自身的研发和创新活动。跨国公司的入驻不仅为马来西亚带来了先进的技术和管理经验，还促进了当地经济的多元化和可持续发展。

物流企业的聚集：随着全球贸易的不断发展，物流企业在马来西亚的聚集趋势也日益明显。这些企业利用马来西亚的港口、航空枢纽和物流网络等资源，为客户提供全方位的物流解决方案。它们不仅在当地开展业务活动，还积极参与区域物流合作和全球物流网络建设。物流企业的聚集不仅提升了马来西亚物流服务的品质和效率，还促进了物流行业的规模化和专业化发展。

在区域经济一体化的推动下，马来西亚作为东盟成员国之一，积极参与区域经济一体化进程。马来西亚通过推动贸易自由化、投资便利化和跨境合作，进一步巩固了其在东南亚地区的贸易枢纽地位。随着RCEP的签署，马来西亚在亚太地区及全球市场的竞争力得到进一步提升。在未来，马来西亚将继续强化其作为全球贸易中转站的战略地位，成为连接亚洲与全球经济的重要桥梁。

二、国际金融结算中心的布局

在全球经济一体化和金融全球化的浪潮中，构建国际金融结算中心已成为许多国家的重要战略目标。马来西亚作为东南亚地区的经济强国，正朝着这一目标稳步前进。在这一进程中，马来西亚总理安瓦尔·易卜拉欣发挥了至关重要的作用，他领导政府一系列有力的政策措施和前瞻性规划，推动了马来西亚金融市场的深化发展与国际化进程。

安瓦尔总理在金融市场开放与国际化中的努力，主要体现在推动外资准入放宽、加强金融基础设施建设、促进与国际金融组织合作，以及推动金融监管改革以保障市场稳定等多个方面。

推动金融开放，吸引国际金融机构入驻。安瓦尔总理深知金融开放对于国家经济发展的重要性，因此采取了一系列措施吸引国际金融机构入驻马来西亚。他推动外资准入限制的放宽，简化审批流程，为国际金融机构在马来西亚设立分支机构提供便利条件。同时，安瓦尔总理还加强与国际金融组织的合作与交流，签署了一系列双边或多边金融合作协议，拓宽跨境资本流动的渠道和范围。

加强金融基础设施建设，提升金融服务能力。为了提升马来西亚金融市场的竞争力，安瓦尔总理注重加强金融基础设施建设。他推动通信网络质量的提升，完善支付结算体系，并建设高标准的数据中心。这些为国际金融机构在马来西亚开展业务提供了便捷、高效的支持，也提升了马来西亚金融服务的国际化水平。

推动金融监管改革，保障金融市场稳定。在推动金融开放的同时，安瓦尔总理也注重加强金融监管，确保金融市场的稳定和安全。他推动金融监管体系的改革和完善，加强监管机构的建设，提升监管科技水平。

通过制定和执行严格的监管政策、监测市场风险以及处罚违规行为等措施，维护金融市场的公平、公正和透明，为国际金融机构在马来西亚的稳健运营提供有力保障。

安瓦尔总理在《2024经济展望报告》中提出了"昌明经济：强化人民的新经济倡议"，旨在通过一系列政策措施推动马来西亚经济的持续增长。他强调，国内通胀率受到控制、劳动力市场状况良好、外汇储备强劲等因素将支撑国家经济的稳定增长。此外，安瓦尔总理还提出了国家能源转型路线图（NETR）、2030年新工业大蓝图（NIMP2030）等政策，以推动经济的可持续发展和转型升级。

注重人民福祉，推动社会公平与包容性增长。安瓦尔总理始终将人民的福祉置于优先考虑之地。他强调政府将确保经济资源的公平分配，提供高质量的医疗保健服务和教育，以满足所有人民的需求。通过提高收入、调整支出、填补财政赤字等措施，安瓦尔总理致力于逐步提高国家财政的可持续性，以保障人民的福祉。这些政策措施不仅促进了经济的稳定增长，也增强了社会的公平与包容性。

推动绿色金融与可持续发展。在当今全球气候变化形势严峻、环境保护愈发受到广泛关注的时代大背景下，安瓦尔总理以高瞻远瞩之姿态，积极推动绿色金融与可持续发展。他满怀热忱地鼓励金融机构不断加大对绿色项目的投资力度，全力支持清洁能源、节能减排等环保产业的蓬勃发展。与此同时，他积极倡导建立起更加完善、更加健全的绿色金融政策体系和市场机制，以便更好地引导更多的社会资本源源不断地流向绿色领域。这些努力犹如明灯，不仅为推动马来西亚经济的可持续发展照亮了前行的道路，而且为全球积极应对气候变化贡献了一份坚实的力量。通过推动绿色金融，马来西亚在清洁能源领域不断开拓创新，太阳能、风能等可再生能源项目如雨后春笋般涌现，为国家的能源结构调整注入了新的活力。在节能减排方面，众多企业积极响应号召，采用先进的节能技术和设备，降低生产过程中的能源消耗和污染物排放。而完善的绿色金融政策体系和市场机制，则为绿色产业的发展提供了稳定的政策支持和良好的市场环境，吸引了国内外众多投资者的目光。马来西亚的绿色金融与可持续发展之路，不仅是对国家未来的负责，更是对全球生态环境的担当。它将激励更多的国家和地区积极行动起来，共同为保护我们的地球家园、实现人类的可持续发展而努力奋斗。

综上所述，马来西亚总理安瓦尔·易卜拉欣在推动金融市场开放与国际化、金融政策创新与可持续发展等方面的努力和贡献不仅提升了马来西亚金融市场的竞争力和国际化水平，也为国家经济的稳定增长和社会的公平与包容性发展奠定了坚实基础。随着全球经济的进一步发展和金融全球化的深入推进，马来西亚在安瓦尔总理的领导下将继续朝着国际金融结算中心的目标迈进，为世界经济的繁荣与发展作出更大贡献。

三、国际自贸港与自贸区的建设

在全球经济一体化和区域经济合作的背景下，自贸港和自贸区作为开放型经济的重要载体，对于促进国际贸易、吸引外资、推动产业升级具有关键作用。马来西亚作为东南亚地区的经济枢纽，正通过打造自贸港和自贸区，进一步融入全球经济体系，实现经济的持续稳定增长。

马来西亚自贸港和自贸区在多个方面进行了创新实践，以提升其国际竞争力。

贸易便利化：自贸港和自贸区通过优化通关流程、简化审批手续等措施，显著提升了贸易便利化水平。例如，在巴生港自由贸易区内，企业可以享受优先通关待遇，从而减少通关时间和成本。同时，政府还加强与国际海关组织的合作，推动区域通关一体化进程，实现信息共享和协同监管。

投资自由化：自贸港和自贸区实行负面清单管理制度，对外资准入实行更加开放的政策。政府明确列出了限制或禁止外资进入的行业领域，除此之外的行业领域均对外资开放。这种管理模式为外资企业提供了更加广阔的投资空间和发展机遇。同时，政府还简化了外资审批流程，缩短了审批时间，提高了外资企业的投资效率。

金融创新：自贸港和自贸区鼓励金融机构在区内开展金融创新业务，提供跨境金融服务，支持企业拓展海外市场。例如，巴生港自由贸易区内设立了多家银行和金融机构，为企业提供存贷款、结算汇兑等金融服务。同时，政府还积极推动金融科技的发展和应用，鼓励金融机构利用大数据、人工智能等技术手段提升金融服务水平和效率。

马来西亚自贸港和自贸区通过一系列措施，成功吸引了大量国际企业入驻。

优化营商环境：政府简化了审批流程，降低了税费负担，提供了政策支持和资金补助等措施，降低了企业的运营成本和市场准入门槛。同时，政府还加强与国际金融机构的合作与交流，为区内企业提供了更加便捷高效的金融服务支持。

加强产业链合作：在自贸港和自贸区的广袤天地间，实行着别具一格的负面清单管理制度，于外资准入方面施展出更加开放的政策华章。

政府以严谨之态，明晰地列出那些限制或禁止外资进入的行业领域。而除此之外的广阔行业领域，则似敞开的大门，对外资热情开放，迎接着来自四方的投资力量。这样的管理模式为外资企业提供了更加广阔的投资空间与充满希望的发展机遇。外资企业犹如勇敢的探索者，在这片充满活力的土地上，寻觅着属于自己的宝藏与辉煌。同时，政府亦以果敢之决心，简化了外资审批流程。曾经冗长的审批之路，如今变得简洁高效。审批时间大幅缩短，犹如为外资企业的前行之路清除了羁绊，极大地提高了外资企业的投资效率。这一系列举措，宛如一阵强劲的东风，助力外资企业在自贸港和自贸区的蓝海中扬帆远航，驶向成功的彼岸。

推动创新驱动发展：政府加大了对科技创新的投入力度，支持区内企业开展技术研发和产品创新活动。同时，政府还积极引进国内外优秀人才，为区内企业提供智力支持。此外，马来西亚政府还鼓励金融机构和相关部门加大对科技创新的支持力度，努力为区内企业提供更加灵活多样的融资渠道和风险管理工具，推动科技创新成果转化，促进产业升级和经济发展。

通过实施一系列优惠政策和创新措施，马来西亚自贸港和自贸区在贸易便利化、投资自由化和金融创新等方面取得了显著成效，吸引了大量国际企业入驻，推动了产业升级和经济发展。展望未来，随着全球经济的进一步发展和国际贸易规则的不断演变，马来西亚自贸港和自贸区将继续发挥其独特优势，为全球贸易和投资自由化、便利化作出更大贡献。

四、新兴国际合作区的创新与引领

（一）新兴国际合作区中心的探索创新与实践

马来西亚作为东南亚经济枢纽，正在通过国际合作区的建设与发展，积极推动全球经济协同发展。这些合作区通过双边、多边和跨国产业园区等形式，致力于产业协同、技术创新、市场拓展以及提升在全球价值链中的地位。随着全球经济的变化，马来西亚通过多样化的国际合作模式，探索出一条促进经济增长、产业升级和区域一体化的道路。

马来西亚与多个国家和地区建立了双边或多边合作区，这些合作区是马来西亚国际合作战略的重要组成部分。通过合作区促进资源共享、优势互补，实现互利共赢的目标。合作区通常涉及基础设施建设、产业园区开发、自由贸易协定签署等多个领域的多边合作，旨在促进贸易和投资自由化便利化，推动产业协同发展。

除了与中国的双边合作外，马来西亚还与其他东南亚国家如泰国、印度尼西亚、新加坡等国家建立了双边或多边合作区。通过这些合作，马来西亚加强了与周边国家的经济联系，促进区域内的贸易和投资活动，推动区域经济的一体化进程。

与泰国的合作：马来西亚与泰国地理位置相邻，两国在经贸、旅游、文化等多个领域拥有深厚的合作根基。为了推动产业协同发展，马来西亚与泰国共同建设了一系列边境经济合作区。在农产品领域，马来西亚与泰国共同推动农产品的贸易和加工合作。两国在热带水果、橡胶、棕榈油等产品上具有较强的互补性，通过合作可以实现资源的优化配置和市场的共同拓展。在制造业领域，两国共同推动汽车、电子等产业的合作与发展。通过共享技术、人才和市场资源，两国得以提升制造业的竞争力和创新能力。此外，马来西亚与泰国还积极推动旅游业的合作。两国共同开发跨境旅游线路，促进人员往来和文化交流。这些举措不仅有助于提升两国旅游业的竞争力，还有助于增进两国人民之间的友谊和相互了解。

与新加坡的合作：新加坡作为东南亚地区的经济领头羊，与马来西亚在经济、科技、金融等多个关键领域维持着紧密的合作关系。两国共同建设的新柔经济特区是跨国产业园区合作的典范。该特区通过实施免护照二维码通关制度、陆路检查站货物清关的数字化流程等创新举措，推动了贸易和投资自由化便利化。在新柔经济特区内，马来西亚和新加坡共同推动电子信息、生物医药等高技术产业的发展。通过共享技术、人才和市场资源，两国得以在这些领域实现优势互补和协同发展。同时，两国还在金融科技、智慧城市等领域开展深入合作，共同推动技术创新和市场拓展。除了新柔经济特区外，马来西亚与新加坡还在其他领域开展了广泛的合作。例如，两国在港口、航空等领域的合作取得了显著成效。通过共同投资建设港口和航空设施，两国得以提升物流效率和服务质量，推动贸易和投资的便利化。

跨国产业园区是马来西亚国际合作区的另一种重要形式。这些产业园区通常由马来西亚政府与国际伙伴共同投资建设，旨在吸引跨国企业和投资者入驻，逐渐形成具有国际竞争力的产业集群。例如，马来西亚—日本国际产业园，吸引了众多日本企业和投资者入驻，形成了电子信息、汽车制造等高端产业集群。马来西亚也得以引进先进的产业技术和管理经验，推动本国产业的升级和转型。

跨国产业园区的建设还有助于提升马来西亚在全球价值链中的地

位。通过与国际企业和投资者的合作，马来西亚可以更加深入地参与全球产业分工和合作，提升自身在全球价值链中的地位和竞争力。

促进产业升级和转型：国际合作区的建设有助于马来西亚吸引国际先进技术和管理经验，推动传统产业的升级改造和新兴产业的发展壮大。通过与周边国家和全球伙伴的合作，马来西亚可以引进更多高附加值、高技术含量的产业项目，提升在全球价值链中的地位。例如，在电子信息产业领域，马来西亚与国际企业和投资者的合作，得以掌握先进的半导体技术、通信技术等，进而提升整个电子信息产业链的竞争力。同样，在汽车制造产业领域，马来西亚通过与日本、泰国等国家的合作，为马来西亚带来先进的汽车制造技术和管理经验，推动汽车制造水平的提升和相关零部件产业的发展和壮大。

拓展市场和资金来源：国际合作区不仅为马来西亚企业提供了更广阔的市场空间，还为其提供了多元化的资金来源。通过与国际伙伴的合作，马来西亚企业可以更加便捷地获取国际市场信息和资源，降低运营成本和市场风险。同时，国际合作区还有助于推动区域内贸易和投资自由化便利化，促进区域内经济一体化进程。例如，在农产品领域，马来西亚通过与泰国、印度尼西亚等国家的合作，得以拓展农产品的出口市场。通过共享市场信息和资源，马来西亚农产品得以更加便捷地进入国际市场，提升竞争力。在矿产资源领域，马来西亚通过与澳大利亚、南非等国家的合作，为马来西亚提供了稳定的矿产资源供应，推动了相关产业的持续发展和壮大。

增强国际竞争力和影响力：国际合作区的建设有助于提升马来西亚的国际竞争力和影响力。通过参与国际合作区的建设和运营，马来西亚可以展示其开放包容的国际形象，吸引更多国际企业和投资者关注。同时，国际合作区还有助于加强马来西亚与周边国家和全球伙伴的友好关系，为未来的合作奠定更加坚实的基础。例如，在新柔经济特区的建设中，马来西亚与新加坡共同推动了贸易和投资自由化便利化的进程，还展示了马来西亚在国际合作中的积极态度和开放形象。

综上所述，国际合作区对马来西亚及其合作方在全球价值链中的地位提升具有不可估量的价值。同时，马来西亚也应关注国际合作区建设过程中可能面临的挑战和风险。例如，如何平衡不同合作伙伴之间的利益诉求、如何确保国际合作区的可持续发展等。针对这些问题，马来西亚可以加强与合作伙伴的沟通和协调，共同制定更加科学合理的合作机制和规则。此外，马来西亚还应注重提升自身在国际合作中的话语权和影响力，积极参与全球经济治理体系的改革和完善。

未来，马来西亚需要继续深化国际合作区的建设和发展，积极应对挑战和风险，为全球贸易和投资自由化便利化作出更大贡献。通过与国际伙伴的紧密合作，马来西亚将在全球价值链中实现更加稳健和可持续的发展。

（二）国际园区合作示范中心的引领启示

1. 马来西亚在国际园区合作领域积累了丰富的经验

政府主导与政策支持：马来西亚政府高度重视国际园区合作，通过制定一系列优惠政策和支持措施，吸引国内外企业和投资者入驻园区。政府不仅提供土地、税收等方面的优惠，还注重园区基础设施建设和配套服务的完善，为园区发展创造良好条件。

多元化合作模式：马来西亚在国际园区合作中采用多元化合作模

式，包括双边或多边合作区、跨国产业园区等。这些模式不仅有助于实现资源共享和优势互补，还能促进不同国家和地区之间的经济联系和合作。例如，中马钦州产业园区和马中关丹产业园区就是典型的双边产业园区合作案例。

注重产业协同发展：马来西亚在国际园区合作中注重产业协同发展，通过引入先进产业项目和技术，推动传统产业的升级改造和新兴产业的发展壮大。园区内企业之间形成产业链上下游合作关系，共同提升产业竞争力和市场影响力。

强化技术创新与人才培养：马来西亚深知技术创新和人才培养对于园区发展的重要性。因此，在园区合作中注重引进国际先进技术和管理经验，同时加强本地人才培养和技能提升。通过产学研结合、校企合作等方式，为园区发展提供源源不断的人才支持。

2. 马来西亚国际园区合作发挥的积极作用

产业对接：国际园区合作通过搭建产业对接平台，促进不同国家和地区之间的产业交流和合作。园区内企业之间形成产业链上下游合作关系，共同推动产业升级和市场拓展。这种合作模式有助于实现资源的优化配置和市场的共同拓展。

技术转移：园区合作有助于引进国际先进技术和管理经验，推动本地企业进行技术进步和管理升级。通过技术交流与合作，企业能够不断提升自身创新能力，从而在市场竞争中占据更有利地位。

人才培养：国际园区合作注重人才培养和技能提升。园区内设有多个教育机构和培训中心，为本地学生和企业员工提供专业技能培训和学历提升机会。同时，园区还积极吸引海外高层次人才来园区创业就业，为园区发展注入新的活力和创造力。这些举措有助于提升本地人才素质和创新能力，为园区长期发展提供有力保障。

（1）典型案例一：中马钦州产业园区

产业对接：中马钦州产业园区致力于促进中国与马来西亚以及东盟国家之间的产业对接与合作。园区内已吸引众多企业和先进制造业项目入驻，形成了电子信息、生物医药、新能源等产业集群。这些项目不仅推动了当地产业升级，还促进了中国与东盟国家之间的贸易和投资往来。

技术转移：园区积极引进国际先进技术和管理经验，推动本地企业进行技术改造和升级。同时，园区还建立了多个技术创新平台和研发中心，为企业提供技术支撑和服务。这些举措有助于提升园区整体技术水平和创新能力。

人才培养：中马钦州产业园区注重人才培养和技能提升。园区内设有多所职业教育实训基地和培训中心，为本地学生和企业员工提供专业技能培训和实习机会。此外，园区还积极推动国际人才交流与合作，吸引海外高层次人才来园区创业就业。

（2）典型案例二：马中关丹产业园区

产业对接：马中关丹产业园区作为中马两国共建的产业园区，在产业对接方面取得了显著成效。园区内已入驻多个大型工业项目，包括钢铁、石化等产业。这些项目不仅填补了马来西亚在相关领域的空白，还带动了周边产业的发展和壮大。

技术转移：园区积极引进中国先进的钢铁制造技术和设备，推动本地钢铁产业的升级和转型。同时，园区还加强与中国企业的技术合作与交流，共同开展技术研发和创新活动。这些举措有助于提升马来西亚钢铁产业的技术水平和市场竞争力。

人才培养：马中关丹产业园区注重本地人才的培养和引进。园区内设有多个培训中心和教育机构，为本地员工提供专业技能培训和学历提升机会。此外，园区还积极吸引中国及其他国家的高层次人才来园区工作和发展，为园区注入新的活力和创造力。

3. 马来西亚在国际园区合作方面的成功经验与典型案例为其他国家和地区提供了可借鉴的经验与模式

提供合作模式借鉴：马来西亚在国际园区合作中采用了多元化合作模式，包括双边或多边合作区、跨国产业园区等。这些模式为其他国家和地区提供了可借鉴的合作模式选择。

分享政策支持经验：马来西亚政府在国际园区合作中给予了大量政策支持和优惠措施。这些经验可以为其他国家和地区在制定相关政策和措施时提供参考和借鉴。

推动产业协同发展：马来西亚在国际园区合作中注重产业协同发展，通过引入先进产业项目和技术推动本地产业升级和转型。这种经验可以为其他国家和地区在推动产业协同发展方面提供启示和借鉴。

强化技术创新与人才培养：马来西亚深知技术创新和人才培养对于园区发展的重要性。因此，在国际园区合作中注重引进国际先进技术和管理经验并加强本地人才培养。这种经验可以为其他国家和地区在提升技术创新能力和人才培养水平方面提供借鉴和参考。

五、放眼全球，共铸价值链新纪元

在全球价值链重塑的关键时期，马来西亚正借助其独特的地理、经济和战略优势，逐步发展为全球供应链和经济合作的重要枢纽。马来西亚政府采取了多项战略部署和政策措施。首先，马来西亚政府致力于推动平等有序的世界多极化和普惠包容的经济全球化，这体现了其积极参与全球经济的姿态。其次，政府通过签署国际自由贸易协定等举措，加强了与重要贸易伙伴的合作，如与中国的经济合作，进一步促进了贸易往来。此外，马来西亚政府还推出了一系列政策支持和鼓励外商投资，如降低企业所得税、设立免税区和自由贸易协定等，以打造优越的营商环境。

马来西亚在全球价值链中面临着诸多机遇。其一，作为东南亚的贸易中心之一，马来西亚具有得天独厚的地理位置优势，有利于与周边国家和地区的贸易往来。其二，马来西亚市场的开放程度较高，经济多元化，物流便捷，为外贸企业提供了良好的营商环境。其三，中马自由贸易协定的签署为马来西亚带来了更多的商机和机遇，尤其是与中国等大国的贸易合作将更加紧密。

马来西亚在全球价值链新中心枢纽地位将对国际社会产生深远影响并作出重要贡献。首先，马来西亚将成为全球贸易的重要节点，促进区域乃至全球的经济增长和发展。其次，马来西亚的稳定和繁荣将为其他发展中国家提供可借鉴的经验和模式。最后，通过参与全球价值链的构建和治理，马来西亚将有机会在国际舞台上发挥更加积极的作用，推动建立更加公正、合理的国际经济秩序。

近年来，马来西亚在全球价值链新中心枢纽的构建中取得了显著成就。通过大力投资基础设施建设，如扩建港口、完善铁路和公路网络，马来西亚的物流效率得到了显著提升。同时，政府积极推动数字化转型，使得国内企业能够更高效地融入全球供应链，提升整体竞争力。

马来西亚深知，要想在全球价值链中稳固立足，必须加强与各国的合作与交流。因此，马来西亚非常重视并积极参与区域和全球贸易协定，如东盟自由贸易区（AFTA）和《区域全面经济伙伴关系协定》（RCEP），拓展金融市场准入并促进了贸易便利化。此外，马来西亚还注重培养和吸引人才，特别是在高科技和创新领域。通过与国际知名高校和研究机构的合作，马来西亚正努力提升自身在研发和创新方面的能力，以期在全球价值链中占据更有利的位置。

展望未来，马来西亚将继续深化经济改革，优化商业环境，并加强与国际社会的合作。在全球经济日益紧密的背景下，马来西亚有信心与全球伙伴携手共进，共同应对挑战，推动全球价值链向更加高效、更可持续的方向发展。

第三部分

文明交响曲

马来西亚，这颗镶嵌在东南亚辽阔版图上的璀璨明珠，犹如一幅绚丽多彩的画卷，以其旖旎多姿的自然风光、令人垂涎的美食文化、源远流长的多元文化积淀、蓬勃的社会活力以及稳健的经济发展步伐，成为全球游客心驰神往的热门旅游胜地。踏上这片神奇的土地，仿佛步入了一个充满梦幻与奇迹的世界，这里不仅能让疲惫的心灵找到栖息的港湾，更能为那些怀揣梦想、勇往直前的探索者开启无限可能的大门。

文化多样性是这个国家的宝贵财富，多种族、多宗教的背景赋予了马来西亚文化更加丰富多彩的内涵。在这里，你可以看到马来人的传统舞蹈，听到华人的悠扬琴声，感受到印度人的热情奔放。这种多元文化的交融与共生，让马来西亚的文化更加独具魅力。

开放包容的社会氛围，为马来西亚多元文化交流提供了肥沃的土壤。马来西亚人民以他们的热情好客和开放心态，欢迎着来自世界各地的朋友。在这样的环境中，文明融合的新业态蓬勃兴起，各种文化在这里碰撞、交融，不断激发出新的创意与活力。艺术家们在这里汲取灵感，创作出具有独特风格的艺术作品；学者们在这里交流思想，共同探索人类文明的未来走向。这些独特的优势，使得马来西亚逐渐发展成为文明融合的新高地。在这里，人们可以亲身体验到不同文明的独特魅力，亲眼见证文化交融所释放出的巨大能量。这种能量的涌动，不仅让马来西亚的文化更加繁荣昌盛，也让这个世界变得更加多姿多彩。

在全球化日益加深的今天，文化与文明的交流与互鉴显得尤为重要。这种交流不仅增进了世界各地人民之间的相互理解，还促进了文化的创新性发展。马来西亚正日益成为全球文明交融的中心之一，吸引着来自世界各地的人们。他们在这里进行商务会谈、经贸合作，共谋发展大计；他们在这里进行文化交流，分享各自的智慧与才情；他们还在这里休闲旅游，感受这片热土的独特魅力。在这片充满生机与活力的土地上，不同语言、不同肤色的人们汇聚一堂，共同谱写着人类文明的新篇章，使马来西亚成为名副其实的"全球新文明会客厅"。在这里，文化的碰撞与交融将持续上演，推动人类文明不断进步，为人类文明的进步与发展贡献独特的力量。

第九章

国际交流的璀璨舞台

在马来西亚，人们往往会被这里的友善与包容所打动。无论是与当地人的亲切交流，还是与来自世界各地的旅行者相遇相知，都能感受到一种深深的情感共鸣。在这里，不同国籍的人纷纷表示，他们找到了一种"没有在国外"的感觉，仿佛置身于一个熟悉而温馨的环境中。

一位年轻的韩国旅行者，在抵达马来西亚的那一刻，就被这里温暖的气候和友善的人们深深吸引。他行走在沙巴的街头巷尾，与当地居民轻松交流，感受到了一种前所未有的亲切感。他说："在这里，我仿佛找到了第二个家。人们热情好客，让我完全没有身处异国他乡的陌生感。"

在吉隆坡的一家咖啡馆里，一位阿拉伯旅行者与一位欧洲人相遇。他们虽然有着截然不同的文化背景，但在马来西亚的这片土地上，他们却找到了共同的话题和兴趣。两人畅谈着各自的旅行经历，分享着对马来西亚的喜爱。阿拉伯旅行者感叹道："在这里，我感受到了真正的包容与和谐。无论你是谁，来自哪里，都能找到属于自己的位置。"

与此同时，在槟城的一座古老庙宇前，一群中国游客正在拍照留念。他们惊叹于这座庙宇的精美雕刻和悠久历史，同时也对马来西亚的文化传承表示赞赏。其中一位游客说："虽然是异国他乡，但这里的文化氛围和建筑风格让我感到非常亲切。我仿佛置身于一个融合了多元文化的大家庭中。"

这种"没有在国外"的感觉并非偶然。马来西亚作为一个多元文化的国家，拥有着丰富的历史和文化底蕴。这里的人们以友善和包容著称，他们用真诚的笑容和热情的态度欢迎着每一个到访者。这种温暖与亲切让人们很容易融入当地的生活，感受到家的温馨。同时，马来西亚的自然风光和美食也为这种归属感增色不少。从壮观的海滩到神秘的热带雨林，从丰富的海鲜到多样的热带水果，这里的每一处风景和每一种味道都让人流连忘返。这些元素共同构成了一个充满魅力的马来西亚，让每一个到访者都能找到属于自己的那份倾心与归属感。这里的友善与包容、多元文化的融合以及美丽的自然风光和美食都让人们感受到了一种"没有在国外"的亲切与温馨。

在全球化进程中，马来西亚不仅保持着文化的独特性，也通过文化的交流与融合加强了与世界其他地区的联系。在文化交流与融合的活力源泉滋养下，马来西亚就像是一个无形却又充满魅力的国际会客厅，为来自世界各地的人们提供了一个广阔的交流与合作平台。在这里，不同文化相互碰撞与融合，激发了源源不断的创新活力与创意灵感，有力地推动着马来西亚不断迈向新的发展高峰。

一、开放包容的国际沟通桥梁

马来西亚以其独特的地理位置和丰富的自然资源吸引了世界的目光。但更令人着迷的，是它那多元文化的交融与开放包容的社会氛围。在这片土地上，马来人、华人、印度人等不同民族和谐共处，共同编织了一幅绚丽多彩的社会画卷。

马来西亚的多元文化并非简单的并存，而是深度的融合。这种融合体现在生活的方方面面，从饮食到服饰，从语言到宗教，都展现了不同文化之间的相互影响与借鉴。在马来西亚的街头巷尾，你可以品尝到地道的马来风味、鲜美的中式佳肴、香辣的印度美食；你可以听到马来语的轻柔、汉语的铿锵、印地语的悠扬；你可以看到马来传统服饰的飘逸、中式旗袍的典雅、印度纱丽的绚烂。这种多元文化的呈现，让马来西亚成为一个活生生的文化博物馆。

这种多元文化的融合，也塑造了马来西亚人民开放包容的心态。他们尊重并欣赏不同文化的独特之处，愿意接纳来自不同国家和地区的人们。在马来西亚，你不会因为自己的肤色、语言或宗教而感到被排斥或歧视。相反，你会感受到一种温暖和包容，仿佛这里就是你的第二个家。

马来西亚政府的开放政策也为这种多元文化的融合提供了有力的支持。政府一直致力于推动国家的开放与发展，积极参与国际事务。他们深知，只有与国际社会保持紧密的联系与合作，才能让马来西亚在全球化的大潮中立于不败之地。因此，他们积极与其他国家开展经济、文化、科技等领域的交流与合作，不断引进外国的先进技术和管理经验，同时也将马来西亚的文化和产品推向世界。

在经济领域，马来西亚通过吸引外国投资和人才，实现了经济的快速增长和产业的多元化。许多国际知名企业纷纷在马来西亚设立分公司或投资建厂，为当地带来了先进的生产技术和管理模式。同时，这些企业的到来也为马来西亚人民提供了更多的就业机会和更高的收入水平。

在文化领域，马来西亚政府积极推动文化交流与互鉴。他们举办各种国际文化节、艺术展览和音乐会等活动，邀请世界各地的艺术家和表演团体来马来西亚演出和交流。这些活动不仅丰富了马来西亚人民的文化生活，也让他们有机会亲身感受到不同文化的独特魅力。

在科技领域，马来西亚政府也积极与国际社会开展合作。他们与许多国家和国际组织共同研发新技术、新产品和新服务，推动科技创新和产业升级。这种合作不仅提升了马来西亚的科技水平，也为他们带来了更多的国际合作伙伴和发展机遇。

马来西亚的开放包容不仅体现在政府层面，也深深植根于民间。马来西亚人民以他们的热情好客和开放心态，欢迎着来自世界各地的朋友。他们愿意与不同文化的人交流、学习和分享，共同创造一个更加美好的世界。正是这种开放包容的氛围，让马来西亚成为国际交流与合作的重要舞台。在这里，不同文化的人们可以自由交流、碰撞和融合，共同创造出新的思想和智慧。

总之，马来西亚是一个充满活力和魅力的国家。它的多元文化、开放包容的社会氛围以及政府积极的国际交流与合作政策都让它成为一个独一无二的存在。在这里，你可以感受到不同文化的独特魅力，也可以体验到国际交流与合作的无限可能。马来西亚正以其独特的姿态走向世界舞台的中央，展现着一个开放、包容、多元和繁荣的国家形象。

二、全球会议与文化活动的影响力

马来西亚不仅以其丰富的自然资源和多元文化著称，更以其作为重要的国际会议和活动举办地而备受瞩目。

每年，来自世界各地的政府官员、学者、企业家等各界精英汇聚于此，共同参与和探讨政治、经济、文化、科技等多个领域的议题。这些国际会议和活动的举办，不仅为马来西亚带来了国际声誉，更为国家的经济发展和社会进步注入了新的活力。马来西亚的国际会议和活动涵盖了广泛的领域和议题。在政治领域，马来西亚经常举办关于地区安全、国际合作等主题的研讨会和论坛，为各国政府官员和专家提供了一个深入交流和探讨的平台。在经济领域，马来西亚则以其独特的地理位置和开放的市场环境，吸引了众多国际商务论坛和经贸洽谈会的举办。这些活动不仅促进了马来西亚与各国之间的经贸合作，也为马来西亚的经济发展带来了更多的机遇和挑战。

尤为值得一提的是，马来西亚每年都会举办国际旅游展。这个展会汇聚了来自全球各地的旅游从业者和游客，共同展示和探讨旅游业的最新发展和趋势。对于马来西亚来说，这个展会不仅是一个展示自身旅游资源和文化魅力的绝佳机会，更是一个促进与各国之间旅游交流与合作的重要平台。通过这个展会，马来西亚的旅游业得以不断拓展和深化，为国家的经济发展作出了重要贡献。

除了国际旅游展，马来西亚还举办了众多其他类型的国际会议和活动，例如科技峰会、文化节庆、教育研讨会等。这些活动都吸引了来自世界各地的专业人士和爱好者的参与。通过这些活动，马来西亚不仅展示了自身在各个领域的发展成果和潜力，也为不同国家和地区的人们提供了一个相互了解和交流的重要平台。

举办这些国际会议和活动，对于马来西亚来说具有多重意义和价值。首先，这些活动的举办提升了马来西亚的国际影响力。通过吸引全球各地的精英人士参与，马来西亚得以在国际舞台上展示自己的独特魅力和实力。这不仅增强了马来西亚在国际事务中的话语权，也为国家争取了更多的国际支持和合作机会。其次，这些国际会议和活动的举办也为马来西亚的经济发展带来了显著的推动效应。活动的举办吸引了大量的国际游客和商务人士前来马来西亚，为当地的旅游业、酒店业、餐饮业等带来了可观的收入。同时，这些活动也为马来西亚的企业提供了与国际接轨的宝贵机会，有助于提升企业的国际竞争力和市场份额。最后，这些国际会议和活动的举办也促进了不同文化之间的相互了解和交流。通过参与这些活动，来自不同国家和地区的人们得以亲身感受和体验马来西亚的多元文化和社会氛围。这种文化的交流和碰撞不仅增进了人们之间的友谊和理解，也为世界和平与发展作出了积极的贡献。

未来，随着马来西亚在国际事务中的地位不断提升和影响力的不断扩大，相信将会有更多的国际会议和活动选择在这个美丽的国家举办。

三、积极独立的外交政策

在当今复杂多变的国际舞台上，马来西亚以其积极主动、独立自主的外交政策独树一帜，犹如一颗璀璨的明珠，在地区乃至世界的外交格局中熠熠生辉。

马来西亚政府始终秉持积极主动的态度，致力于与世界各国建立友好关系。在国际关系的大棋盘上，马来西亚深知友好的外交关系是国家稳定与发展的重要基石。因此，积极展开外交行动，广泛接触世界各国。这种积极主动的姿态，使马来西亚在国际社会中赢得了广泛的尊重和认可。

面对复杂的国际局势，马来西亚政府始终保持冷静和理智，坚持通过外交途径，即对话、协商和谈判来解决问题。这种做法不仅有效维护了国家的利益，也为地区的和平稳定作出了重要贡献。

在经济领域，马来西亚更是积极参与区域经济合作，成为推动地区经济发展的重要力量。东盟自由贸易区是马来西亚积极参与的重要经济合作平台之一。通过这一平台，马来西亚与东盟各国加强贸易往来，降低贸易壁垒，促进商品和服务的自由流动。这不仅为马来西亚的企业带来了更广阔的市场空间，也为地区经济的繁荣作出了显著贡献。此外，马来西亚还积极参与跨太平洋伙伴关系协定等多边经济合作机制，这些合作机制为马来西亚提供了与世界其他国家加强经济联系的机会，进一步促进了贸易和投资的发展。在全球化的背景下，马来西亚通过积极参与区域经济合作，不断提升自身的经济实力和国际竞争力。

在文化领域，马来西亚同样积极推动文化交流与合作。文化是一个国家的灵魂，也是国家间交流合作的重要桥梁。马来西亚通过举办各种文化活动、艺术展览等形式，向世界展示了其丰富多彩的文化魅力。同时，马来西亚也积极引进其他国家的优秀文化成果，促进不同文化之间的相互了解和欣赏。这种文化交流与合作不仅丰富了马来西亚人民的精神生活，也为国家的发展创造了良好的文化氛围。

马来西亚的积极主动外交政策为国家的发展创造了良好的外部环境。在一个和平稳定、友好合作的国际环境中，马来西亚的经济、文化等各个领域都得到了更好的发展。同时，这种外交政策也为国际交流与合作提供了有力支持。马来西亚积极参与国际事务，为解决全球性问题贡献了自己的智慧和力量。

在国际事务中，马来西亚发挥着越来越重要的作用。作为一个发展中国家，马来西亚始终关注全球发展问题，积极参与国际合作，为推动世界和平与发展作出了积极贡献。在气候变化、环境保护、贫困消除等全球性问题上，马来西亚都积极发声，提出自己的解决方案和建议。

在地区事务中，马来西亚也发挥着重要的领导作用。作为东盟的重要成员之一，马来西亚积极推动东盟一体化进程，加强东盟各国之间的合作与交流。在地区安全、经济发展、文化交流等方面，马来西亚都发挥了积极的作用，为地区的稳定和繁荣作出了重要贡献。

综上所述，马来西亚的积极主动、独立自主的外交政策是其国家独立与发展的重要保障。通过积极与其他国家建立友好关系、解决国际争端、参与国际与区域经济合作、推动文化交流与合作等方式，马来西亚为国家的发展创造了良好的外部环境，也为国际交流与合作提供了有力支持。在未来的发展中，相信马来西亚将继续坚持这一外交政策，为世界和平与发展作出更大的贡献。

四、国际旅游与贸易的双轮驱动

从美丽的海滩到壮观的山脉，从古老的文化遗迹到现代化的城市景观，马来西亚的每一寸土地都散发着独特的魅力。为了将这些宝贵的旅游资源转化为经济发展的动力，马来西亚政府采取了一系列有力的措施，推动旅游业的发展。

在旅游基础设施建设方面，马来西亚政府投入了大量资金，对旅游景区的交通、住宿、餐饮等配套设施进行了全面升级。无论是前往海滩的便捷交通，还是山区度假村的舒适住宿，游客们都能在马来西亚享受到一流的旅游体验。同时，政府还注重提高旅游服务质量，通过培训旅游从业人员、规范旅游市场秩序等方式，确保游客在马来西亚的旅行愉快而安心。

除了硬件设施的升级和服务质量的提升，马来西亚政府还积极推广旅游品牌，通过举办旅游文化节、国际旅游展等活动，向国内外游客展示马来西亚的独特魅力和丰富多样的旅游资源。这些推广活动不仅提高了马来西亚在全球旅游市场的知名度，还成功吸引了越来越多的游客前来体验这个热带国家的美丽与热情。

在旅游业的快速发展带动下，马来西亚的相关产业也迎来了蓬勃的发展机遇。酒店业、餐饮业、交通业等旅游相关产业迅速崛起，为国家的经济发展注入了新的活力。同时，旅游业的繁荣也带动了就业市场的增长，为当地居民提供了更多的就业机会和收入来源。

在积极推动旅游业发展的同时，马来西亚政府也深知贸易对于国家经济的重要性。因此，马来西亚积极加强与其他国家的贸易合作，努力扩大出口市场，提高国家的经济实力。马来西亚的主要出口商品包括电子产品、石油、橡胶等，这些商品在国际市场上凭借着高质量和竞争力赢得了广泛的认可。

旅游推广和贸易发展在马来西亚的经济战略中形成了相互促进的良性循环。通过旅游业的推广和发展，越来越多的人有机会亲身感受马来西亚的独特文化和优质产品。这种直接的体验不仅增强了人们对马来西亚的认知和喜爱，也进一步促进了贸易的发展。游客们在旅游过程中了解和体验到的马来西亚产品和文化，往往会在回国后成为他们向亲朋好友推荐的焦点，从而带动更多的进口和贸易合作。同时，贸易的发展也为旅游业提供了更好的基础设施和服务支持。随着马来西亚经济的不断增长和贸易合作的深化，国家的基础设施建设得到了进一步完善。现代化的交通网络、高品质的酒店和餐饮服务、丰富的旅游产品和线路，都为游客提供了更加便捷、舒适和多样的旅游体验。这种贸易发展带来的基础设施提升和服务优化，无疑提高了马来西亚旅游的质量和吸引力。

综上所述，旅游推广和贸易发展在马来西亚的经济战略中扮演着举足轻重的角色。它们相互促进、共同发力，不仅推动了马来西亚经济的持续增长和国际交流的深化，也为全球游客和贸易伙伴带来了更多的机遇和福祉。在未来的发展中，相信马来西亚将继续秉持这一双轮驱动战略，不断推动旅游和贸易的繁荣发展，为世界经济的增长和文化的交流作出更大的贡献。

五、无形的国际会客厅

马来西亚成功打造了一个无形的国际会客厅。这里没有具体的物理空间限制，却处处充满着交流与合作的机会，成为连接世界各地人们的桥梁。

从繁华的都市到宁静的乡村，从现代化的高楼大厦到古老的历史遗迹，马来西亚的每一个角落都散发着国际交流的气息。在吉隆坡的街头，你可以看到不同肤色、不同语言的人们在热情地交流着商业合作的机会，他们的眼神中闪烁着对未来的期待和憧憬。在槟城的古老街道上，艺术家们来自五湖四海，他们在这里共同探讨着艺术的魅力，用画笔和音符描绘出跨越国界的创意与灵感。而在马六甲的海边，游客们则分享着各自的旅行故事，他们的笑声和欢呼声交织在一起，构成了一幅幅动人的画面。

这个无形的国际会客厅为来自世界各地的人们提供了丰富多样的交流平台。在这里，不同文化的人们可以通过各种方式进行交流与合作，共同推动着各个领域的发展。无论是参加国际会议、举办文化活动，还是进行商务洽谈、旅游体验，都能感受到马来西亚这个国际会客厅的独特魅力。

在这个会客厅中，语言不再是障碍，文化差异成为创新的源泉。马来西亚人以其开放包容的心态，积极拥抱来自世界各地的朋友。他们努力学习外语，以便更好地与不同国家的人进行交流。同时，他们也乐于分享自己的文化和传统，让外国朋友感受到马来西亚的独特魅力。这种跨文化的交流与融合，不仅增进了人们之间的友谊，也为马来西亚的经济发展注入了新的活力。

在这个会客厅中，马来西亚的美食文化得到了充分的展示和交流。来自不同国家的人们共同分享着美食的魅力。他们通过品尝和学习制作马来西亚的美食，更加深入地了解了马来西亚的文化和生活方式。

在这个会客厅中，马来西亚的艺术文化得到了充分的展示和交流。马来西亚的艺术以其独特的风格和多元化的表现形式而备受瞩目。你可以欣赏到各种形式的艺术作品，如绘画、雕塑、音乐、舞蹈等。这些艺术作品不仅展示了马来西亚艺术家的才华和创造力，也成了连接不同文化之间的桥梁。

在这个会客厅中，马来西亚的科技文化得到了充分的展示和交流。马来西亚在科技领域取得了显著的成就，尤其是在信息技术、生物技术、绿色能源等方面。来自不同国家的企业和科研机构可以共同交流和探讨科技发展的最新动态和趋势。他们通过分享经验和技术合作，共同推动科技领域的创新和发展。这种跨国的科技交流与合作不仅为马来西亚的经济发展注入了新的动力，也为全球科技的进步作出了重要的贡献。

这个无形的国际会客厅为马来西亚的旅游业带来了繁荣。来自世界各地的游客们纷纷来到马来西亚，体验这个国家的独特魅力。他们在这里不仅可以欣赏到美丽的自然风光和丰富的文化遗产，还可以与当地人进行深入的交流与合作。这种旅游体验不仅让游客们更加了解马来西亚的文化和生活方式，也为他们带来了难忘的回忆和宝贵的经验。

总之，马来西亚以其独特的地理位置和丰富的文化资源成功打造了一个无形的国际会客厅。这里汇聚了来自世界各地的人们，他们带来了各自的文化传统和风俗习惯，相互交流、相互学习，共同编织出一幅幅绚丽多彩的文化画卷。

这种文化碰撞与融合激发了源源不断的创新活力与创意灵感。不同文化的人们在交流中相互启发，他们的思想在碰撞中产生了新的火花，这些火花又进一步孕育出许多新的思想和创意。这些创新活力和创意灵感为马来西亚的发展提供了重要的动力，推动了其在经济、科技、艺术等多个领域的进步。

同时，文化碰撞与融合也促进了不同文化之间的相互理解和欣赏。在这个无形的国际会客厅里，人们通过交流与合作，激发了源源不断的创新活力与创意灵感，更加深入地了解和尊重不同文化的差异。他们学会了欣赏其他文化的独特之处，也学会了在其他文化中找到与自己文化的共通之处。这种相互理解和欣赏不仅增进了不同国家和地区之间的友谊和合作，也为马来西亚的国际形象增添了更多的光彩。

在未来的发展中，我们相信马来西亚将继续在国际交流的舞台上绽放出更加绚丽的光彩。这个充满活力和魅力的国家，将以其独特的文化、优越的地理位置和开放的市场环境，继续吸引世界的目光。马来西亚将不仅是国际交流的桥梁和纽带，更将成为推动世界和平与发展的重要力量，为构建更加繁荣、和谐的国际社会作出更大的贡献。

第十章

悠然生活的璀璨乐园

马来西亚通过良好的社会福利体系、合理的生活成本和多元文化的和谐共生，为公民创造了一个充满希望与机遇的社会环境。在这样一个充满生机与活力的国家，人们不仅能够安享平凡而幸福的日常生活，还能拥有更加广阔的心灵空间与生活选择，过上令人向往的理想生活。

一、优质的教育体系：点亮未来的明灯

马来西亚，这片充满生机与活力的土地，对教育倾注了无尽的热情与心血，精心构建了一个以普及性、多样性和高质量著称的教育体系。这一体系犹如一座璀璨的灯塔，不仅照亮了孩子们前行的道路，更为他们的未来播下了希望的种子。

马来西亚的基础教育是免费且优质的。六年的小学教育和五年的中学教育（其中初中三年，高中两年），不仅仅是知识的传递，更是心灵的滋养。政府深知教育公平的重要性，因此通过科学合理地优化教育资源分配，确保无论是城市还是乡村的学生，都能平等地享受到高质量的

基础教育。这种对教育的普及和重视，体现了马来西亚社会对每一个孩子的深切关怀和期待。

尤为值得一提的是，为消除经济障碍，确保每个有梦想的孩子都能平等接受教育，马来西亚政府积极推出了多项奖学金和助学金计划。这些计划为那些在经济上处于不利地位的学生提供了有力的支持，帮助他们克服经济压力，专心学业，追逐梦想。这种"上学不求人"的理念，体现了社会对每一个孩子的关怀与期待，也为孩子们打开了改变命运的大门。

马来西亚的教育体系独具特色，尤其是在中等教育阶段，采用了双轨制的教育模式。学生在完成基础教育后，可以根据自己的兴趣和职业规划，选择进入学术性强的高中，继续深造学术知识，或者选择职业技术学校，学习实用技能，直接进入社会。这种灵活的教育路径，充分尊重了学生的个性发展和兴趣爱好，让他们都能找到最适合自己的发展方向。

而在高等教育领域，马来西亚的成就更是斐然。马来亚大学、马来西亚国民大学等高等学府，以其雄厚的师资力量、先进的教学设施和广泛的学术资源，在国际学术界占据一席之地。这些大学拥有先进的教学设施、优秀的师资队伍和丰富的学术资源，为学生提供了广阔的学习平台和实践机会。同时，政府通过设立奖学金、助学金和提供贷款等方式，大力支持学生接受高等教育，让更多有梦想的学子能够实现自己的大学梦。

马来西亚的教育体系不仅着眼于国内，更注重国际化发展。通过与世界各地的大学和研究机构建立合作关系，马来西亚为学生提供了丰富的海外交流机会和全球化视野。无论是学生的学术水平，还是他们的全球适应能力，都得到了显著提升。通过这种国际化的教育平台，马来西亚的年轻一代在全球化日益加深的今天，拥有了更多的竞争力与发展空间。

马来西亚的教育体系是一个充满活力和创新的体系。它不仅注重知识的传授和技能的培养，更关注学生的全面发展和个性化培养。从基础教育到高等教育，再到国际化合作，马来西亚在教育领域的投入与创新，培育了无数充满潜力的年轻人才。无论是在学术领域，还是在职业技能培养方面，马来西亚都为每一个孩子提供了广阔的发展空间与机会。在这样的教育体系支持下，未来的马来西亚将继续迎来更加繁荣与多元的社会，成千上万的年轻人在全球化的舞台上散发着属于自己的光彩。

二、完善的医疗保障体系：守护民众健康的坚实后盾

马来西亚的医疗保障体系不仅为民众提供了高质量的健康保障，更通过精心设计的公共与私人医疗服务、严格的药品监管和不断推进的全民医疗政策，构建了一个全面、可及、有效的健康保障网络，成为民众生命安全与健康的坚实后盾。

（一）全面覆盖的公共医疗服务，让人人享有基本医疗保障

马来西亚公共医疗服务是其医疗保障体系的核心，致力于确保每一个国民都能在遇到疾病时得到及时的治疗和帮助。政府通过设置遍布全国的政府医院和诊所，提供基础医疗服务，确保公共医疗资源能够覆盖到城市与乡村的每一个角落。无论是常见的小病小痛，还是需要紧急救治的重大疾病，公共医疗体系都能够提供高效、专业的治疗。

尤其值得一提的是，马来西亚的公共医疗服务大部分是免费的或低

收费的。政府医院与诊所的收费通常远低于私立医疗机构，而且许多常见病和急诊治疗还能够免费提供。这使得经济条件较差的民众也能得到及时的医疗救治，避免因费用问题而延误治疗。

马来西亚政府还通过多种补贴和优惠政策，进一步减轻民众的医疗负担。例如，对老年人、低收入家庭和残疾人等群体的医疗费用给予额外减免或补助，让更多的民众能够平等地享受医疗服务。

（二）发达的私人医疗服务提供个性化、定制化医疗体验

除了公共医疗服务，马来西亚的私人医疗服务也十分发达。私人医院和诊所通常提供更为高端、个性化的医疗服务，满足不同人群对于医疗质量与舒适度的差异化需求。这些私人医疗机构配备了国际先进的医疗设备，拥有经验丰富的医疗团队，能够为患者提供更加细致、专业的诊疗服务。

私人医疗机构不仅注重医疗技术的创新与提升，还关注患者的心理需求与情感体验，努力为患者打造一个温馨、舒适的医疗环境。为了确保民众能够负担得起私人医疗服务，政府积极鼓励私人医疗机构推出平价服务，并通过保险计划等多种机制帮助民众分担医疗费用。这样，民众可以根据自己的需求与经济状况灵活选择最适合自己的医疗服务，享受到更加个性化与高端的医疗保障。

（三）严格监管的药品供应体系确保药品质量与可及性

在马来西亚的医疗保障体系中，药品供应的监管也显得尤为重要。马来西亚政府对药品供应实行严格的监管制度，从药品的生产源头到流通销售的每一个环节都进行严密监控，确保所有药品的质量上乘、安全可靠。

政府还建立了完善的药品质量检测体系与追溯机制，对药品的质量进行定期检测与评估，确保药品的疗效与安全性。同时，政府还通过补贴政策与价格调控手段，有效降低药品价格，使得民众能够以合理的价格购买到必需药品。无论是日常所需的感冒药、维生素等常用药品，还是治疗重大疾病的特效药、进口药等高价药品，民众都能在政府的保障下以合理的价格轻松获取，为自己的健康筑起一道坚实的防线。

马来西亚政府还在积极推进全民免费医疗的政策。这一政策旨在进一步减轻民众的医疗负担，确保每一位公民都能享受到公平、可及的医疗服务。政府通过加大财政投入、优化医疗资源配置、提高医疗服务效率等措施，逐步实现全民免费医疗的目标。在这一政策的推动下，更多的民众将能够享受到免费的医疗服务，包括基本诊疗、住院治疗、手术费用等。这将极大地提高民众的医疗保障水平，降低因病致贫、因病返贫的风险，让每一位公民都能在疾病的困扰下依然保持生活的尊严与希望。

（四）全民免费医疗政策推动健康公平，确保人人享有医疗服务

全民免费医疗政策的实施不仅是一项重大的民生工程，也是马来西亚政府践行"以人为本"执政理念的具体体现。政府深知医疗保障对于民众生活的重要性，因此将全民免费医疗作为一项长期的目标来推进。为了实现这一目标，政府不仅加大了对公共医疗体系的投入与支持，还积极鼓励私人医疗机构参与到全民免费医疗的服务中来。通过政府的引导与扶持，越来越多的私人医疗机构开始提供平价或免费的医疗服务，为民众带来更多的选择与便利。

同时，马来西亚政府还在努力提升医疗服务的质量与效率。政府通过加强医疗人才的培养与引进、推动医疗技术、医疗水平的创新与进步、优化医疗流程、数字化医疗诊疗与管理等措施，不断提高医疗服务的质量与水平。政府还注重加强医患之间的沟通与交流，建立更加和谐、信任的医患关系，让民众在就医过程中感受到更多的关怀与尊重。

在全民免费医疗政策的推动下，马来西亚的医疗保障体系将更加完善与健全。民众将能够享受到更加全面、贴心、高质量的医疗服务，无论面对何种疾病都能得到及时有效的治疗与保障。这将极大地提升民众的生活质量与幸福感，让每一位公民都能在健康的护航下过上更加美好、幸福的生活。

（五）持续改进与国际化合作，提升医疗服务质量与效率

马来西亚政府还注重加强与国际社会的合作与交流，不断汲取国际先进的医疗经验与技术，推动本国医疗保障体系的持续发展与进步。政府通过与国际组织、其他国家政府以及医疗机构等开展广泛的合作与交流活动，共同探讨医疗保障体系的建设与发展问题，分享经验与技术成果。这些合作与交流活动不仅为马来西亚带来了国际先进的医疗理念与技术支持，还为该国医疗保障体系的完善与发展提供了有力的外部推动力量。

马来西亚的医疗保障体系以其全面性、可及性与高效性成为守护国民健康的强大天使。无论是公共医疗服务还是私人医疗服务都充分满足了民众的不同需求与期望。同时政府还通过推进严格的药品监管与全民免费的医疗政策进一步提升了民众的医疗保障水平。在未来的发展中，马来西亚政府将继续致力于完善医疗保障体系的建设与发展，为民众提

供更加优质、全面、可及的医疗服务，让每一位公民都能在健康的护航下过上更加美好、幸福的生活。

三、稳定的住房政策：温馨家园的保障

马来西亚的住房政策就像一把温暖的保护伞，为民众提供了安全舒适的住所，让每一个人都能拥有一个温馨的家。在这个国家，住房不仅仅是一个居住的空间，更是民众生活的基石和幸福的源泉。马来西亚政府深知住房对于民众的重要性，因此制定了一系列全面、贴心的住房政策，旨在为民众打造一个稳定、和谐的居住环境。

公共住房计划是马来西亚住房政策的重要组成部分，它为低收入家庭带来了希望和机遇。政府推出了多项公共住房计划，如"人民住房计划"和"廉价房屋计划"，这些计划针对那些经济条件较为困难的家庭，为他们提供负担得起的住房选择。通过政府的补贴和优惠政策，这些住房一般要以低于市场价的价格出售或出租给符合条件的家庭，让每个人都能拥有自己的住房，实现人民安居乐业的梦想。公共住房不仅价格实惠，而且在质量和配套设施方面也有保障。政府注重公共住房的建设质量，确保房屋结构安全、设施完善，让居民能够享受到舒适的居住环境。同时，政府还在公共住房周边配套建设了学校、医院、公园等设施，为居民提供便利的生活条件。

除了公共住房计划，马来西亚政府还提供了房屋贷款与补贴计划，以助力民众实现购房梦想。这些计划允许民众以较低的利率获得贷款，并提供一定的购房补贴，大大降低了购房门槛。无论是首次购房者还是改善型购房者，都能在这些计划中找到适合自己的支持政策，轻松实现自己的住房愿望。政府的这一举措不仅促进了住房市场的繁荣发展，也让更多民众拥有了属于自己的温馨家园。

在私人住房市场方面，马来西亚政府也实施了严格的监管措施，以确保市场的稳定和可持续发展。政府密切关注房价波动，通过制定合理的土地和住房政策来维护市场的供需平衡，防止房价过快上涨或出现房价泡沫。同时，政府还鼓励开发商建设高质量、环保节能的住房，以提高居民的生活品质。在政府的严格监管下，私人住房市场健康有序地发展着，为民众提供了更多元化的住房选择。

值得一提的是，马来西亚对当地居民销售的房屋是按照使用面积计算的，并且提供永久产权。这一政策确保了居民在购买房屋时能够明确知道自己所拥有的实际使用面积，并且拥有房屋的永久产权，无须担心产权到期或续期的问题。这为居民提供了更大的安心和保障，让他们能够真正拥有自己的温馨家园。

对于外国人而言，马来西亚的购房政策也相对开放和友好。政府允许外国人在马来西亚购买房屋，并为其提供了一定的便利和支持。外国人可以享受与当地居民相似的购房待遇和政策支持，这使得马来西亚成为一个吸引外国投资者和购房者的热门选择。外国人在马来西亚购房不仅可以享受优质的居住环境和生活品质，还可以获得稳定的投资回报和资产增值的机会。

马来西亚政府还注重推动住房领域的创新和发展。政府鼓励采用先进的建筑技术和材料，提高住房的建设质量和效率。同时，政府还积极推动绿色建筑和可持续发展理念在住房领域的应用，致力于打造一个环保、节能、宜居的住房环境。这些创新举措不仅提升了马来西亚住房的品质和竞争力，也为民众提供了更加舒适、健康的居住环境。

此外，马来西亚政府还注重加强与其他国家的合作与交流，在住房领域汲取国际先进的经验和技术。马来西亚政府重视与国际组织、其他国家政府以及住房领域的专业机构开展广泛的合作与交流活动，共同探讨住房政策的发展与创新问题。这些合作与交流活动不仅为马来西亚带来了国际先进的住房理念和技术支持，也为该国住房政策的完善与发展提供了有力的外部推动力量。

在住房保障方面，马来西亚政府还注重加强住房法律法规的建设和完善。政府制定了一系列相关法律法规，明确规定了住房的权益、责任和义务，为居民提供了法律保障。同时，政府还加强了对住房市场的监管和执法力度，严厉打击违法违规行为，维护住房市场的秩序和公平竞争环境。这些举措为居民提供了更加安全、稳定的住房保障，让他们能够放心地购买和居住房屋。

综上所述，马来西亚的住房政策以其全面性、贴心性和稳定性成为民众温馨家园的保障。在未来的发展中，马来西亚政府将继续致力于完善住房政策的建设与发展，为民众打造一个更加美好、幸福的家园。

四、轻松自在的生活与旅行：享受美好的时光

马来西亚轻松自在的生活环境，让居民们有更多的时间和精力去投入个人的兴趣爱好、家庭生活的温馨以及社区活动的丰富多彩之中，从而充分展现自己的独特个性和卓越才华。

在马来西亚的社区里，文艺活动如火如荼，为居民们提供了展示才艺的舞台。无论是悠扬的歌声、曼妙的舞姿，还是深情的朗诵、激昂的

演讲，都能在这里找到欣赏的观众和共鸣的伙伴。体育锻炼也是居民们生活的重要组成部分，无论是晨跑、瑜伽，还是足球、篮球，各种运动不仅锻炼了身体，也增进了邻里之间的友谊和团结。此外，志愿服务和社区建设也是马来西亚居民们热衷参与的活动。他们深知，一个美好的社区需要每个人的共同努力和付出。因此，无论是清理公共环境、维护公共设施，还是组织文化活动、帮助邻里解决困难，居民们都愿意伸出援手，为社区的和谐与繁荣贡献自己的一份力量。在这些活动中，他们找到了自己的价值和乐趣，也感受到了生活的美好和幸福。

对于游客来说，马来西亚同样是一个充满魅力和吸引力的旅游目的地。首先，这里的稳定房价让游客们无需为高昂的住宿费用而担忧。无论是豪华舒适的酒店套房，还是经济实惠的民宿，都能为游客们提供温馨舒适的居住环境。在这样的环境中，游客们可以充分放松身心，享受旅途的愉悦。其次，更令人安心的是，马来西亚的免费医疗服务为游客们的旅行提供了有力的保障。即使在旅途中遇到身体不适或突发疾病，游客们也能及时得到有效的治疗，无需为医疗费用而忧心忡忡。这种贴心的服务让游客们在旅行中更加放心、舒心。再次，对于带着孩子旅行的家庭来说，马来西亚的义务教育政策也为他们提供了极大的便利。孩子们可以在旅行中参观当地的学校和博物馆，了解不同的文化和教育体系，丰富自己的知识和视野。这样的体验不仅让孩子们在旅行中收获满满，也让家长们更加放心地享受旅途的乐趣。最后，马来西亚丰富的旅游资源也是吸引游客们的一大亮点。这里有美丽的海滩、壮观的山脉、古老的历史遗迹和多元的文化景观，让游客们可以尽情探索这个充满魅力的国家。在海滩上，游客们可以沐浴着温暖的阳光，感受着细腻的沙滩和汹涌的海浪带来的愉悦；在山脉中，他们可以进行徒步旅行和探险活动，领略大自然的壮丽景色；在历史遗迹中，游客们可以探寻古老文化的魅力所在；而在文化景观中，他们则可以亲身体验到多元文化的交融与碰撞。

无论是追求自然风光还是历史文化，无论是喜欢休闲度假还是冒险刺激，游客们都能在马来西亚找到自己心仪的旅游目的地。在这里，他们可以尽情享受旅行的乐趣，感受生活的美好。例如，对于热爱自然风光的游客来说，马来西亚的海滩和山脉无疑是最佳的选择。他们可以在海滩上尽情玩耍，感受海风的吹拂和海浪的拍打；也可以在山间进行徒步旅行或攀岩活动，挑战自己的极限并领略大自然的壮美景色。

对于对历史文化感兴趣的游客来说，马来西亚的历史遗迹和文化景观是他们不容错过的地方。他们可以参观古老的庙宇和博物馆，了解马来西亚的历史和文化渊源；也可以观看传统的舞蹈和音乐表演，感受当地人民的热情与才华。这样的旅行体验不仅让游客们收获了知识和见识，也让他们更加深入地了解了马来西亚这个国家的独特魅力和丰富内涵。

总之，在马来西亚这个充满魅力和活力的国家里，无论是居民还是游客都能享受到轻松自在的生活和旅行体验。他们可以在这里尽情展现自己的个性和才华，也可以在这里尽情探索自然风光和历史文化。这样的美好时光无疑会让每一个人都流连忘返、难以忘怀。

五、对生活品质的提升：追求幸福的脚步

马来西亚的生活环境让人们能够更加专注于个人的成长和发展，自由地追求自己的梦想。无论是选择继续深造、勇敢创业，还是从事自己热爱的工作，居民们都不再受到经济压力的束缚，可以随心所欲地做出

最适合自己的选择。

在这个充满机遇和挑战的时代，马来西亚的居民们正以前所未有的热情和决心，充分发挥自己的潜力，努力实现自己的人生价值。他们深知，生活的品质不仅仅取决于物质的丰富，更在于精神的充实和个人的成长。因此，他们不断学习新知识，提升自己的技能，以适应这个日新月异的时代。

同时，良好的生活环境也让马来西亚成为吸引全球人才和投资的热土。越来越多的人选择来到这个美丽的国家居住和投资，他们带来了不同的文化、观念和创新精神，为马来西亚注入了新的活力。这不仅促进了当地经济的发展，也推动了社会的进步，为居民们创造了更多的机会和福利。

随着人口的流动和文化的交流，马来西亚的社会变得更加多元化和具有包容性。不同的文化在这里交汇融合，形成了独特的文化景观。这种文化的多样性不仅丰富了居民们的生活体验，也激发了他们的创新思维和创造力。在这样的环境中，居民们能够接触到更多的思想和文化，从而拓宽自己的视野，增强自己的综合素质。

经济的繁荣也为居民们带来了更多的就业机会和创业空间。马来西亚政府积极鼓励创新和创业，为居民们提供了良好的政策环境和支持。这使得越来越多的居民敢于尝试新的商业模式和创新理念，实现了自己的创业梦想。同时，经济的发展也为居民们提供了更多的消费选择和更高水平的服务质量，让他们的生活更加便捷和舒适。

在追求幸福的道路上，马来西亚的居民们并没有停下脚步。他们深知，幸福不仅仅是个人的追求，更是整个社会的共同目标。因此，他们积极参与社会公益活动，努力为社会作出自己的贡献。这种对社会的责任感和奉献精神，不仅让居民们感受到了自己的价值和意义，也让整个社会变得更加温暖和和谐。

马来西亚政府也深知居民对幸福生活的向往，因此一直致力于提升居民的生活品质。政府加大了对教育、医疗、社会保障等公共服务的投入，确保居民们能够享受到优质的教育资源、先进的医疗服务和全面的社会保障。这些政策的实施，不仅提升了居民们的物质生活水平，也让他们更加感受到了政府的关怀和社会的温暖。

在马来西亚这个充满活力的国家里，居民们正共同追求着幸福的生活。他们享受着良好的生活环境、丰富的文化交流和繁荣的经济发展带来的种种机遇和福利。同时，他们也积极承担起对社会的责任和义务，用自己的行动诠释着幸福的真谛。

值得一提的是，马来西亚居民对于生活品质的追求并不仅仅局限于物质层面。他们更加注重精神文化的充实和个人的全面发展。在闲暇之余，居民们会积极参与各种文艺活动、体育赛事和志愿服务等，以丰富自己的精神生活并提升个人价值。这样的生活方式不仅让居民们更加充实和快乐，也让整个社会更加和谐与进步。

此外，马来西亚作为一个多元文化的国家，其独特的文化魅力也为居民们的生活增添了无限色彩。在这里，不同民族、不同信仰的人们和谐共处，共同创造着丰富多彩的文化景观。居民们可以轻松地体验到不同文化的魅力，感受不同生活方式的碰撞与融合。这种多元文化的交融不仅让居民们的视野更加开阔，也让他们的思维更加活跃和创新。

在追求幸福生活的道路上，马来西亚的居民们始终保持着积极向上的心态和勇往直前的精神。他们相信，只要努力付出并坚持不懈地追求自己的梦想和目标，就一定能够创造出属于自己的幸福生活。这种积极向上的生活态度和勇往直前的精神风貌也成了马来西亚社会的一道亮丽风景线。

综上所述，马来西亚居民对生活品质的提升和追求幸福的脚步是坚定而有力的。他们享受着良好的生活环境、丰富的文化交流和繁荣的经济发展带来的种种机遇和福利；同时，他们也积极承担起对社会的责任和义务，用自己的行动诠释着幸福的真谛。在这个充满活力和希望的国家里，马来西亚的居民们正共同书写着自己的幸福篇章。

马来西亚凭借其稳定的房地产市场、合理的房价、免费的医疗服务以及优质的义务教育，为居民和游客精心打造了一个悠然乐土。在这片乐土上，人们得以尽情享受轻松愉悦的生活，无需再为经济压力而担忧烦恼。无论是选择长期居住还是短期旅行，马来西亚都以其独特的魅力吸引着四面八方的来客。

我们相信，马来西亚将继续保持其独特的优势，并不断完善和提升自身的教育、医疗、住房等社会福利体系。通过这些努力，马来西亚将为人们提供更加美好的生活体验，让每个人都能在这片充满希望和幸福的土地上，期待马来西亚更加美好的明天，期待这个国家在教育、医疗、住房等各个方面都能取得更大的进步和成就。

第十一章
安全与稳定的乐土

    在吉隆坡的一家豪华酒店大堂，我偶然遇到了一位名叫萨利姆的沙特阿拉伯小伙子。他身材高大，面带微笑，热情而健谈。在与他的交流中，我逐渐了解到他为何选择来到马来西亚，以及他对这个国家的独特感受。

    萨利姆原本是在欧美国家留学的，但那里的治安状况让他感到极度不安。他曾经在街头被抢劫，失去了手机和昂贵的劳力士手表。当他向当地警察报案时，却并没有得到太多的关注和帮助。这段经历让他对欧美的治安环境失去了信心，开始寻找一个更为安全、舒适的留学地。

    在寻找新的留学国家时，萨利姆进行了大量的调查和比较。他浏览了各种留学论坛，咨询了身边的朋友和同学，甚至亲自前往几个国家进行实地考察。最终，他选择了马来西亚。这个决定并非一时冲动，而是基于他对马来西亚深入了解和亲身体验后的明智选择。

    "马来西亚的治安情况真的非常好，"萨利姆由衷地赞叹道，"在这里，我可以安心地学习，不用担心被抢劫或其他安全问题。而且，这里的人们都非常友善，让我感受到了家的温暖。"

    他进一步解释说，马来西亚让他感受到了前所未有的安心，让他无论是在白天还是夜晚，都能放心地在街头行走。这种安全感是他在欧美国家从未体验过的。

除了治安良好，马来西亚还以其优质的教育资源和多元的文化氛围吸引着萨利姆。他对马来西亚的学习环境和教学质量赞不绝口，认为这里的教育并不逊色于欧洲。马来西亚的大学拥有先进的教学设施和优秀的师资力量，为他提供了良好的学术氛围和广阔的发展空间。

此外，马来西亚的多元文化环境也让萨利姆感到惊喜。这里汇聚了来自不同国家和文化背景的人们，他们和睦共处，共同创造了一个多元而和谐的社会。这种文化氛围不仅丰富了马来西亚的社会生活，也为他提供了更多的文化交流机会和视野拓展的可能。

在与萨利姆的深入交流中，我还了解到他身边的许多朋友在欧美国家都有过类似的治安困扰。他们中的许多人也因为治安问题而选择离开了那些国家，转而寻找更为安全、稳定的留学或居住环境。而马来西亚正是他们心目中的理想之地。

安全，是许多人选择来访马来西亚的重要考量。无论是留学生、游客还是投资者，他们都希望在享受异国风情的同时，能够确保自身和财产安全。马来西亚正是以其卓越的治安环境赢得了人们的信赖和喜爱。

当然，马来西亚的魅力并不仅仅局限于治安安全。这个东南亚国家还拥有得天独厚的自然风光、丰富的文化底蕴和稳定的经济环境。从壮观的国油双峰塔到迷人的海滩，从丰富的历史遗迹到多元的文化活动，马来西亚无处不散发着独特的魅力。

回顾萨利姆的故事以及我对马来西亚的了解，我深刻感受到了这个国家作为安全舒适留学和旅游胜地的独特魅力。在这里，人们可以安心地学习、工作和生活，享受到宁静与和谐的社会环境。对于想要出国留学或旅游的人们来说，马来西亚无疑是一个值得考虑的理想之地。

马来西亚，这个位于东南亚的美丽国度，以其政治局势稳定、社会秩序井然而著称。在这里，无论是居民还是游客，都能享受到坚实可靠的安全保障，体验到社会的稳定祥和与安全有序。

一、政治稳定奠定安全基石

马来西亚的政治稳定是其国家安全和社会秩序的基石。自 1963 年独立以来，马来西亚就一直保持着相对稳定的政治环境。其政治体制以联邦制为基础，设有国会和由国家元首、总理领导的政府。该制度有效避免了政府更迭频繁带来的政治动荡。

在马来西亚，政治体系健全，各部门之间协作顺畅。政府注重民主建设，积极听取民众的意见和建议，为民众参与国家事务提供了多种渠道。这种民主的氛围不仅增强了民众对政府的信任，也为国家的稳定发展提供了有力保障。

马来西亚的政治体系通过强有力的法律框架和多元化的政策保障国家的安全和稳定。每届政府都深知其责任，致力于平衡各族群利益，并通过《社会契约》和"新经济政策"促进社会和谐。马来西亚政府十分注重民族团结，确保所有族群（如马来、华人、印度及其他民族）能够共享国家发展的成果，这使得国家避免了由族群冲突引发的社会动荡。马来西亚通过加强各族群之间的对话和交流，缓解社会紧张情绪，推动了国内的民族和谐与政治稳定。

此外，马来西亚的法律体系保证了国家的稳定性，政府秉持法治原则，确保政治决策的透明度和公正性。通过透明的选举制度，人民能够参与到国家事务中，确保政治领导人的合法性和代表性。近年来，尽管面临一些政治挑战，马来西亚的民主制度依然能够平稳运行，选举程序公正透明，政治领导人交替并没有引发大规模的政治动乱。

马来西亚在国际事务中也扮演着积极的角色。该国秉承和平、合作、共赢的外交理念，努力通过积极参与多边外交机制（如东南亚国家联盟）、联合国等国际组织，提升自身国际地位。与世界各国保持友好的外交关系，使马来西亚不仅在区域内发挥重要作用，同时在全球范围内也得到了尊重与信任。国家的国际声誉有助于吸引外资、促进贸易往来，并为马来西亚的安全提供了外部保障。

在国际舞台上，马来西亚秉持着和平、合作、共赢的理念，积极推动地区和世界的和平与发展。

二、社会秩序井然营造安全环境

马来西亚的社会秩序井然，为居民和游客提供了安全的生活和旅游环境。在这里，人们遵守法律、尊重他人，共同维护着社会的和谐与稳定。

马来西亚的法律体系完善，执法严格，涵盖民法、刑法、商法等多个领域，涉及各个社会层面的治理。警察和司法系统的高效运行确保了社会的稳定与安全。马来西亚的警察部门在全国范围内建立了有效的治安体系，通过日常巡逻、突击检查等手段，确保了城市和乡村地区的安全。马来西亚的社会治安良好，犯罪率相对较低，这使得居民和游客能够放心地生活和旅游。

为了进一步提高社会治安，马来西亚政府也大力加强社区安全建设。

近年来，随着社会发展，社区治安体系得到了提升，许多地区设立了志愿者治安巡逻队、邻里守望计划等。居民通过参与社区安全建设，增强了治安防范意识，形成了广泛的社会监督网络。此外，马来西亚各个社区也开展了丰富的社会文化活动，通过促进邻里关系，进一步强化了社会和谐氛围。

社会风气方面，马来西亚民众友善、热情好客，无论是马来族群、华人族群还是印度族群，都遵循着相互尊重、包容与理解的原则。马来西亚注重推动"多元文化主义"，在尊重各民族传统文化的同时，努力营造一个平等、友好、和谐的社会环境。这种文化氛围不仅吸引了大量的国际游客，也为居民创造了一个充满安全感与归属感的生活环境。

三、完善高效的应急救援体系

马来西亚拥有完善高效的应急救援体系，为应对各种突发事件提供了有力保障。无论是自然灾害还是人为事故，这个体系都能迅速响应，最大限度地减少损失。

在自然灾害方面，马来西亚建立了完善的预警机制和应对措施。政府部门密切关注环境、气象变化和地质活动，及时发布预警信息，参与有效措施并指导民众做好防范工作。

同时，应急救援队伍随时待命，一旦发生灾害，能够迅速投入救援工作，保障人民的生命财产安全。在人为事故方面，马来西亚也有相应的应急处理机制。例如，在交通事故、火灾等事故发生时，警察、消防和医疗部门能够迅速联动，展开救援工作。他们的专业素养和高效行动，为受害者赢得了宝贵的时间，提高了生还的概率。

马来西亚政府还注重加强公众的安全意识。通过举办灾难应急培训课程，增强民众对突发事件的应对能力，确保社会各层面都能够在灾难发生时发挥积极作用。此外，马来西亚在特定区域，如重要的旅游景点、商圈和交通枢纽等地，设置了专门的应急救援设施，为事故发生时的第一时间响应提供保障。

四、周全细致的旅游安全措施

作为一个旅游胜地，马来西亚非常重视旅游安全。政府和旅游部门采取了一系列周全细致的措施，确保每一位游客的生命财产安全和旅途的舒适安心。

首先，马来西亚加强了对旅游景点的安全管理。在热门景点设置了安全警示标识，配备了专业的安保人员，确保游客的安全。同时，对旅游设施进行定期检查和维护，确保其安全可靠。

其次，马来西亚加强了对旅游从业人员的培训和管理。要求导游、酒店工作人员等具备一定的安全知识和应急处理能力，能够为游客提供及时有效的帮助。

此外，马来西亚还为游客提供了多种安全保障服务。例如，在旅游景区设置了医疗急救站，为游客提供紧急医疗救助；在旅游旺季，加强对交通和治安的管理，确保游客的出行安全。

五、游客的安心之旅

在马来西亚，游客们可以毫无后顾之忧地尽情享受旅行的乐趣。他们可以放心地探索这个美丽的国家，体验不同的文化和风景。

游客们可以漫步在吉隆坡的街头，欣赏现代化的建筑和繁华的都市风光；也可以前往槟城，感受古老的历史和文化氛围；还可以去兰卡威享受阳光沙滩和碧海蓝天。在旅途中，他们不用担心安全问题，因为马来西亚的安全保障和社会稳定让他们可以安心地享受每一个瞬间。

无论是品尝当地的美食，还是参加各种旅游活动，游客们都能感受到马来西亚的热情和友好。这里的人们会热情地为游客提供帮助和建议，让他们的旅行更加顺利和愉快。

六、持续努力维护安全与稳定

马来西亚政府和人民深知安全保障和社会稳定的重要性，他们将继续努力，不断加强安全管理，维护社会稳定。政府将进一步完善法律体系，加大执法力度，打击违法犯罪活动。同时，加强对自然灾害的预警和应对能力，提高应急救援水平。

社会各界也将积极参与安全维护工作，共同营造一个安全稳定的社会环境。企业将加强安全管理，确保员工和顾客的安全；学校将加强安全教育，增强学生的安全意识；居民将积极参与社区安全建设，共同维护社区的安全。

总之，马来西亚以其政治局势稳定、社会秩序井然、完善高效的应急救援体系和周全细致的旅游安全措施，为居民和游客提供了坚实可靠的安全保障。在这里，人们可以感受到社会的稳定祥和与安全有序，尽情享受生活和旅行的乐趣。安全保障和社会稳定是马来西亚的宝贵财富，也是国家发展的重要保障。相信在政府和人民的共同努力下，马来西亚将继续保持安全稳定的局面，为国家的繁荣和人民的幸福作出更大的贡献。

第十二章
热情与和谐之境

马来西亚，这个东南亚的美丽国度散发着独特而迷人的魅力。这里有令人陶醉的自然风光、深厚的历史文化，更有热情好客、友善互助的人民，它不仅是游客们心驰神往的旅游胜地，更是一个充满浓浓人情味和无限活力的温馨家园。

一、热情好客的马来西亚人民

马来西亚人民的热情好客在世界范围内都广为人知。无论是在热闹繁华的都市，还是在宁静祥和的乡村，游客们随时随地都能感受到当地人的热情款待。当你在街头迷失方向时，热心的路人会毫不犹豫地停下脚步，为你详细指引道路；当你走进餐厅，服务员会以灿烂的笑容迎接你，热情地介绍当地的特色美食，让你在品尝美味的同时，也能感受到他们的真诚与热情；当你在景点游览时，当地居民会友好地向你打招呼，分享他们的故事和经验，让你仿佛置身于一个温暖的大家庭。

这种热情好客的品质深深扎根于马来西亚多元文化的土壤之中。在这个国家，马来人、华人、印度人等不同民族和谐共处，各自传承着独特的文化传统和风俗习惯。多元文化的融合使得马来西亚人民更加开放、包容，也更加热情好客。他们乐于与来自不同国家和地区的人们交流互动，分享彼此的文化和生活，这种开放的心态和热情的态度，让每一位游客都能感受到家一般的温暖。

在马来西亚，游客们能够亲身体验到当地人的热情好客。入住当地的酒店或民宿，主人会以热情的笑容和周到的服务迎接你，让你在陌生的环境中感受到无微不至的关怀。他们会关心你的需求，为你推荐当地的景点和美食，让你的旅程充满惊喜和乐趣。在当地的市场和商店，商家们也会热情地与你交流，为你介绍他们的商品，让你在购物的过程中感受到满满的诚意。

二、友善互助的社会氛围

除了热情好客，马来西亚人民还以友善互助而著称。在这个国家，人们相互关心、相互帮助，共同营造出一个和谐美好的社会氛围。当有人遇到困难时，周围的人会毫不犹豫地伸出援手，给予帮助和支持。这种友善互助的精神不仅体现在日常生活中，也在重大灾害和突发事件中得到了充分的体现。

在马来西亚，游客们也能深刻感受到这种友善互助的社会氛围。当你在旅途中遇到困难时，总会有热心的当地人主动为你提供帮助。他们会帮你解决交通问题、提供住宿建议，甚至陪你一起寻找丢失的物品。这种无私的帮助让游客们感受到了人性的温暖，也让他们对这个国家充满了好感和敬意。

友善互助的社会氛围源于马来西亚人民对家庭的珍视和对社区的归属感。在这个国家，家庭是社会的基本单位，人们非常重视家庭的温暖与和睦。家庭成员之间相互关心、相互支持，共同度过生活中的喜怒哀乐。同时，社区也是人们生活的重要组成部分，人们积极参与社区活动，关心社区的发展和建设。这种对家庭和社区的责任感使得人们更加关心他人，更加愿意为他人提供帮助和支持。

三、工作与生活的平衡追求

在马来西亚，工作与生活的平衡是社会价值观的一部分，体现了对个人幸福和家庭生活的高度重视。马来西亚的工作文化不仅注重效率和成就，还鼓励人们在忙碌的工作之余，享受生活中的美好与放松。他们不会因为工作而忽略家庭和朋友，也不会因为追求物质财富而牺牲自己的健康和幸福。

马来西亚的劳动法规定每周工作五天，每天工作约八小时，这种工作时间安排为员工提供了足够的时间来休息和放松。虽然在一些行业，尤其是服务业和零售行业，员工可能需要适应灵活的工作时间，但整体而言，马来西亚的工作时间相对宽松，能够保证员工在工作之外有充裕的时间来照顾家人和追求个人爱好。

在马来西亚，工作不仅仅是为了生计，更多的是与生活的整体质量密切相关。政府和企业非常关注员工的工作条件，力求使员工在高效完成工作任务的同时，也能保持身体和心理的健康。例如，马来西亚的一些大公司为员工提供的工作福利包括带薪假期、灵活的休假制度以及在重要节日时的额外假期。

随着全球工作环境的变化，马来西亚也逐渐推广弹性工作制度，尤其是在信息技术、创意行业及教育领域等。这种制度让员工可以根据自身情况和工作需求，灵活安排工作时间与工作地点，特别是在疫情后的"远程工作"趋势下，很多企业意识到，灵活的工作安排不仅能提高员工的工作满意度，还能促进企业的创新力和竞争力。

政府鼓励公司为员工提供工作与生活平衡的福利政策。例如，一些企业通过弹性上下班时间、远程工作和额外的年假等方式，帮助员工平衡工作压力和个人生活。弹性工作制度促进了员工的创造力，因为他们在没有过度压力的环境中工作时，能更好地实现个人潜能。政府还大力发展旅游业和文化产业，为人们提供更多的休闲娱乐选择。此外，政府还注重城市规划和基础设施建设，为人们创造一个舒适、便捷的生活环境。

四、家庭的温暖与和睦

在马来西亚，家庭是个人生活的重心，几代同堂的家庭结构仍然十分普遍。无论是在城市还是乡村，马来西亚人都倾向于与父母或亲人同住或保持密切联系。家庭不仅是个体情感的依托，更是文化传承和社会责任感的载体。在马来西亚，不论是马来族、华族、印度族还是其他族群，家庭关系都被视为至关重要的社会纽带。

家庭聚会是马来西亚人民生活中的重要组成部分。每逢节假日或重要场合，家庭成员们都会欢聚一堂，共同庆祝和分享快乐。在家庭聚会上，人们会一起品尝美食、聊天交流、玩游戏等，增进彼此之间的感情。这种家庭的温暖与和睦让人们感受到了生活的美好，也让他们更加珍惜自己的家庭和亲人。

传统的家庭观念强调尊老爱幼、互相关怀与支持。年轻一代通常会尊重长辈的意见，并在日常生活中承担起照顾老人的责任。家庭成员之间有着深厚的情感纽带，父母对子女的关怀、子女对父母的孝顺，都体现了马来西亚社会的温暖与和谐。

马来西亚马来族、华族、印度族及其他少数民族的家庭文化各具特色。然而，尽管文化和宗教有所不同，马来西亚社会普遍强调家庭团结与和睦。这种多元文化的交融，使得马来西亚的家庭关系既保留了传统特色，又融合了各族群的现代观念。例如，马来族的家庭观念强调集体主义和长辈的权威，而华族的家庭文化则更加注重家族的传承与子女的教育。在印度族家庭中，亲情和家庭之间的紧密联系也非常重要。这些文化特征在马来西亚的家庭生活中得到了很好的融合，使得社会秩序和谐，人与人之间互相尊重。

在马来西亚，家庭不仅在个体生活中占据重要地位，也在社会结构中扮演着关键角色。政府和社会各界都非常重视家庭的作用，并通过一系列政策和措施来支持家庭的稳定与发展。马来西亚政府提供了许多增进家庭福祉的政策，包括带薪育儿假、家庭福利津贴、住房补贴等，以减轻家庭在经济负担上的压力。

同时，马来西亚人民也非常注重家庭传承与教育。他们认为，家庭是孩子人生及成长的第一课堂，父母是孩子的第一任老师。因此，他们会花费大量的时间和精力来教育孩子，培养他们的品德、价值观和生活技能。这种注重家庭教育的传统使得马来西亚的孩子们更加懂事、有礼貌，也更加有责任感和担当。

五、和谐社会的独特魅力

马来西亚人民的热情好客、友善互助、追求工作与生活的平衡以及珍视家庭的温暖与和睦，共同营造出了一个和谐美好的社会氛围。在这个国家，人们相互尊重、相互理解、相互包容，共同为社会的发展和进步而努力。

这种和谐社会的独特魅力不仅体现在社会安定祥和、人与人之间的友好上，也体现在人与自然的关系上。在马来西亚，人们非常注重环境保护和生态平衡，积极采取各种措施来保护自然资源和生态环境。他们会自觉遵守环保法规，减少浪费和污染；他们也会积极参与环保活动，植树造林、清理垃圾等，为保护地球家园贡献自己的力量。

和谐社会的独特魅力还体现在文化的多样性和包容性上。在这个国家，不同民族的文化相互融合、相互借鉴，共同创造出了丰富多彩的马来西亚文化。人们尊重不同民族的文化传统和风俗习惯，积极参与各种文化活动，促进文化的交流与传播。这种文化的多样性和包容性使得马来西亚更加富有魅力和活力，也为世界文化的发展作出了贡献。

马来西亚的宗教宽容是其和谐社会的重要组成部分。尽管马来西亚的官方宗教为伊斯兰教，但国家在宪法上保障了所有宗教的自由。这种宗教宽容为社会带来了和平与安定。马来西亚政府也通过立法、政策和教育系统推动宗教宽容。比如，政府鼓励不同宗教背景的学生共同学习和理解彼此的文化与信仰，提升宗教理解力和跨文化的交流能力。

马来西亚秉持着平等机会和社会公正的原则，力求消除社会中的不平等现象。政府推行了多项措施，确保各个社会群体都能平等参与国家的经济、文化和社会生活。特别是在教育领域，政府采取了一系列举措，确保所有民族的孩子都有平等的受教育机会。例如，马来族、华族和印度族的学生都可以在各自语言的学校接受教育，但同时也鼓励跨族群的文化交流和多语种教育。这不仅促进了不同民族之间的理解，也为马来西亚的社会发展提供了人才支持。

马来西亚的社会和谐和独特魅力，得益于其多元文化的包容、宗教宽容的社会氛围、平等机会与社会公正的原则、完善的公共服务体系以及公民的社会责任感。这些因素共同构成了马来西亚和谐社会的基石，使得这个国家在复杂的全球化背景下能够稳定发展，并吸引着来自世界各地的人们。马来西亚的社会不仅仅是一个文化的交汇点，更是一个充满温暖与理解的地方，展现出强大的社会凝聚力与生命力。

六、马来西亚社会的启示

马来西亚的热情与和谐社会给我们带来了很多启示。首先，它告诉我们，一个国家或地区的发展不仅仅是经济的增长，更重要的是社会的和谐与人民的幸福。在发展经济的同时，我们应该注重社会建设和文化传承，努力营造一个和谐美好的社会氛围。其次，它告诉我们，多元文化的融合可以带来更多的创新和活力。在全球化的时代，我们应该尊重不同民族的文化传统和风俗习惯，积极促进文化的交流与融合，共同创造一个丰富多彩的世界文化。最后，它告诉我们，家庭是社会的基本单位，我们应该珍视家庭的温暖与和睦，注重家庭教育和家庭关系的培养。只有家庭和谐了，社会才能更加和谐美好。

马来西亚的热情与和谐社会体现在其教育体系中。教育被视为培养人才、促进社会发展的重要手段。通过教育，人们培养了正确的价值观和道德观，增强了社会责任感和公民意识。同时，教育也为人们提供了更多的发展机会和选择，促进了社会的公平正义。马来西亚的教育注重培养学生的综合素质和创新能力，强调品德教育和社会责任感的培养。在学校里，老师们不仅传授知识，还关心学生的成长和发展。他们会鼓励学生积极参与各种社会实践活动，培养学生的团队合作精神和领导能力。同时，学校也注重培养学生的文化素养和跨文化交流能力，让学生了解不同民族的文化传统和风俗习惯，促进文化的交流与融合。

马来西亚的热情与和谐社会体现在其医疗保障体系中。政府非常重视人民的健康和福祉，投入大量的资金来建设医疗设施和提供医疗服务。马来西亚的医疗保障体系覆盖了全体居民，无论贫富，都能享受到基本的医疗服务，减轻了人们的经济负担，促进了社会的稳定和发展。在医院里，医生和护士们以热情周到的服务态度为患者提供治疗和护理。他们会关心患者的病情和需求，为患者提供专业的医疗建议和心理支持。同时，医院也注重医疗技术的创新和提高，引进先进的医疗设备和技术，为患者提供更好的治疗效果。

马来西亚的热情与和谐社会体现在其体育文化中。体育被视为一种健康的生活方式和促进社会团结的重要手段。体育运动培养人们的团队合作精神和竞争意识，促进社会的进步和发展。马来西亚的人民非常热爱体育运动，无论是足球、篮球、羽毛球还是其他体育项目，都有很多人参与。在体育比赛中，运动员们以顽强拼搏的精神和公平竞争的态度为观众带来了精彩的比赛。观众也会热情地为运动员们加油助威，营造出一种热烈的比赛氛围。同时，体育比赛也促进了不同民族之间的交流和团结，增强了社会的凝聚力。

总之，马来西亚的热情与和谐社会体现在各个方面，为我们提供了很多有益的启示和借鉴。让我们共同努力，营造一个更加和谐美好的世界。

第四部分

赤道万花筒

在赤道之畔，海风轻拂，椰影婆娑。马来西亚宛如一座流光溢彩的文化万花筒，将多元文明的韵律交织成独特的南洋风情。从繁华现代的吉隆坡到宁静悠然的浮罗交怡，从古朴的槟城街巷到原始森林深处的神秘雨林，这片土地承载着马来人、华人、印度人及原住民文化的交融，也诉说着海上丝绸之路的历史回响。无论是品味南洋美食、探寻古城遗迹，还是沉浸于热带海岛的碧海蓝天，马来西亚以她开放而包容的怀抱，邀请世界各地的旅人共赴一场惊艳心灵的东南亚魅力之旅。

第十三章
梦幻旅游盛宴

马来西亚为游客们精心缔造了一场绚丽多彩的旅游盛宴，无论你追寻奢华享受，还是钟情经济实惠的旅行模式，皆能在此收获满满的愉悦与满足。从刺激的水上运动到宁静的文化之旅，丰富多样的旅游活动令人目不暇接。而作为购物天堂，琳琅满目的商品与特色鲜明的购物场所，更是让游客们流连忘返，留下无数美好的回忆。

一、惊艳的自然美景

马来西亚拥有令人惊艳的自然美景，宛如大自然亲手绘制的宏伟画卷。从湛蓝无垠的大海到翠绿欲滴的山脉，从茂密繁盛的热带雨林到宁静澄澈的湖泊，每一处景致都让人沉醉其中。

迷人海滩：马来西亚的海岸线绵延数千公里，点缀着无数美丽的海滩。有的海滩洁白细腻，如诗如画；有的则波涛汹涌，充满活力。在兰卡威的海滩，你可以尽情畅享阳光沙滩的浪漫，清澈的海水轻轻拂过双脚，细腻的沙子在阳光下闪耀着金色光芒。而在热浪岛的海滩，你可以参与各种水上活动，如潜水、浮潜、冲浪等，与五彩斑斓的海洋生物亲密接触，感受大海的无穷魅力。

神秘热带雨林：马来西亚的热带雨林是大自然的宝库，这里生长着无数珍稀动植物。走进基纳巴卢山的热带雨林，仿佛踏入一个神秘的绿色世界。高大的树木直插云霄，枝叶繁茂，构成一片绿色天幕。阳光透过树叶缝隙洒下，形成一道道金色光束，营造出神秘而宁静的氛围。在热带雨林中，你可以邂逅各种珍稀动物，如马来貘、红毛猩猩、犀鸟等，它们在这片原始森林中自由自在地生活着。此外，你还可以参加热带雨林徒步旅行，沿着山间小路探索这个神秘世界，感受大自然的神奇与美丽。

壮观山脉：马来西亚的山脉雄伟壮观，给人强烈的视觉冲击。基纳巴卢山是马来西亚的最高峰，海拔高达 4101 米。登上山顶，你可以俯瞰整个马来西亚的壮丽美景，云雾缭绕在山间，仿佛置身于仙境之中。此外，大汉山国家公园的山脉也极为壮观，山峰形态各异，有的像巨龙盘踞，有的像仙女下凡，给人留下深刻的印象。在山脉中，你可以进行徒步旅行、露营、观鸟等活动，与大自然亲密接触，感受大自然的力量。

宁静湖泊：马来西亚的湖泊宁静澄澈，宛如一面巨大的镜子，倒映着周围的美景。在大汉山国家公园中，有许多美丽的湖泊，湖水清澈见底，周围环绕着茂密的森林和雄伟的山脉。在这里，你可以划船、钓鱼、欣赏自然风光，享受宁静的时光。此外，马来西亚还有一些人工湖泊，如肯逸湖，这里的湖水清澈，周围景色优美，是一个非常适合度假的地方。

二、奢华度假村

对于追求奢华享受的游客来说，马来西亚的奢华度假村是绝佳的选择。这些度假村通常位于美丽的海滩或山区，拥有豪华的设施和优质的服务，让你在旅途中尽享极致的舒适与享受。

豪华住宿环境：马来西亚的奢华度假村通常拥有宽敞舒适的客房和套房，房间内装修豪华，设施齐全。你可以在柔软的大床上享受舒适的睡眠，在宽敞的阳台上欣赏美丽的风景。此外，度假村还提供各种特色住宿选择，如水上别墅、海景套房等，让你在旅途中体验不同的风情。

丰富美食体验：奢华度假村通常拥有多个餐厅和酒吧，提供各种美食和饮品。你可以品尝到当地的特色美食，如马来美食、中华美食、印度美食等，也可以享受到国际美食的美味。此外，度假村还提供私人厨师服务，让你在房间内就能品尝到美味的佳肴。

多样的休闲娱乐设施：马来西亚的奢华度假村通常拥有丰富多样的休闲娱乐设施，让你在旅途中尽情享受。你可以在游泳池中畅游，在健身房中锻炼身体，在 SPA 中心享受舒适的按摩和护理。此外，度假村还提供各种水上活动，如潜水、浮潜、冲浪等，让你在大海中尽情释放自己的活力。

水疗与养生：许多马来西亚的奢华度假村配备有高端水疗中心，提供各种放松和恢复活力的疗程。游客可以在这里享受天然草药和传统治疗相结合的深度放松，享受按摩、面部护理、芳香疗法等疗程，尽享身心的愉悦。

三、经济实惠旅行

如果你是预算有限的游客，也不必担忧，马来西亚还有很多经济实惠的旅行方式，让你同样能够领略这个国家的美丽与魅力。

背包旅行：背包旅行是一种非常经济实惠的旅行方式，你可以自己安排行程，选择便宜的交通工具和住宿，深入了解当地的文化和生活。在马来西亚，你可以选择乘坐公共交通工具，如火车、巴士、轮渡等，前往各个景点。你也可以选择住在青年旅社、民宿等便宜的住宿场所，与其他旅行者交流分享旅行经验。此外，你还可以在当地的市场和小吃摊品尝美食，感受当地的生活气息。

自由行：自由行也是一种比较经济实惠的旅行方式，你可以根据自己的兴趣和时间安排行程，选择合适的交通工具和住宿。在马来西亚，你可以通过在线旅游平台预订机票、酒店和景点门票，享受优惠的价格。你也可以选择租车自驾游，自由探索这个美丽的国家。此外，你还可以参加当地的一日游或两日游活动，了解当地的文化和历史。

穷游：穷游是一种更加极致的经济实惠的旅行方式，你可以尽可能地节省开支，体验最真实的当地生活。在马来西亚，你可以选择徒步旅行或骑自行车旅行，欣赏自然风光，感受大自然的魅力。你也可以选择住在当地人家中，与他们一起生活，了解当地的文化和风俗习惯。此外，你还可以在当地的超市购买食物，自己做饭，节省餐饮费用。

四、丰富多样的旅游活动

马来西亚的旅游活动丰富多样，无论你喜欢刺激的水上运动，还是钟情宁静的文化之旅，都能在这里找到满足自己需求的活动。

文化与历史探访：马来西亚是一个多元文化的国家，拥有丰富的文化遗产。你可以参观吉隆坡的国家清真寺、独立广场、国油双峰塔等景点，了解马来西亚的历史和文化。你也可以前往马六甲、槟城等历史名城，参观古老的建筑和文化遗迹，感受马来西亚的传统文化氛围。此外，你还可以参加当地的文化活动，如马来传统舞蹈表演、中华武术表演、印度音乐演奏等，了解不同文化的魅力。

自然之旅：马来西亚的自然美景令人陶醉，你可以参加自然之旅，深入了解这个国家的自然风光。你可以前往基纳巴卢山、大汉山国家公园等自然保护区，进行徒步旅行、露营、观鸟等活动，与大自然亲密接触，感受大自然的神奇与美丽。马来西亚的生态旅游活动也同样丰富，游客可以参观多处自然保护区，了解当地的生物多样性及生态保护工作。参与观鸟活动、热带雨林探险等，你将有机会亲眼看见世界上最为珍稀的动植物，感受与大自然和谐相处的奇妙体验。

水上运动：马来西亚是全球知名的潜水胜地，尤其是沙巴州的美娜多岛和西巴丹岛，拥有世界一流的潜水资源。游客不仅可以参与潜水、浮潜等水上活动，还能探索海底世界的美丽，遇见各种珍稀的海洋生物。马来西亚的海滩，如兰卡威和热浪岛等，是冲浪爱好者的天堂。这里的海浪适合初学者和有经验的冲浪者。帆板运动也是非常受欢迎的水上活动之一，游客可以在清澈的海水中享受风帆的刺激。你还可以参与马来西亚的海岛游，前往美丽的岛屿如普吉岛、马达京岛等，感受海滩的宁静与浪漫。或是尝试乘坐玻璃底船等活动，探索神秘的海底世界。

美食之旅：马来西亚的美食丰富多样，你可以参加美食之旅，品尝当地的特色美食。你可以前往吉隆坡、槟城、马六甲等城市的夜市和小吃摊，品尝各种美味的小吃和特色菜肴。你也可以参加美食烹饪课程，学习制作当地的美食，了解马来西亚的饮食文化。此外，你还可以参观当地的农场和果园，品尝新鲜的水果和农产品，感受大自然的馈赠。

五、购物天堂

马来西亚作为购物天堂，拥有琳琅满目的商品和特色鲜明的购物场所，让游客们流连忘返。

购物中心，奢华与时尚相结合。马来西亚的购物中心非常发达，各种国际品牌和本土品牌应有尽有。你可以在吉隆坡的购物中心购买到各种时尚的服装、鞋子、包、化妆品等商品。此外，购物中心还提供各种美食和娱乐设施，让你在购物的同时也能享受到美食和娱乐的乐趣。

夜市和集市，热闹多元的购物场所。马来西亚的夜市和集市非常热闹，这里有各种特色的商品和小吃。你可以在吉隆坡的茨厂街夜市、槟城的乔治市夜市等地方购买到各种手工艺品、纪念品、特色小吃等商品。此外，夜市和集市还提供各种表演和活动，让你在购物的同时也能感受到当地的文化氛围。

特色商店，体验浓厚地方风情的购物。马来西亚还有很多特色商店，这里有各种当地的特色商品。你可以在吉隆坡的中央艺术坊、槟城的张弼士故居等地方购买到各种手工艺品、纪念品、特色食品等商品。此外，特色商店还提供各种文化体验活动，让你在购物的同时也能了解当地的文化和历史。

马来西亚的旅游盛宴给游客们留下了无数美好的回忆和深刻的感

受。在这里，你可以感受到大自然的美丽和神奇，体验到奢华度假村的舒适与享受，尝试经济实惠的旅行方式，参加丰富多样的旅游活动，购买到琳琅满目的商品。每一个瞬间都让人难忘，每一个回忆都让人珍惜。

第十四章

自然风光：
壮丽画卷徐徐展开

　　马来西亚，这个位于东南亚的美丽国度，拥有着令人陶醉的自然风光。从蔚蓝的海岛到神秘的热带雨林，从壮丽的山川到宁静的湖泊，每一处景色都仿佛是大自然精心雕琢的杰作，散发着无尽的魅力。

一、海洋的温柔诗篇：兰卡威岛

　　兰卡威岛，那澄澈碧绿的海水如同一块巨大的翡翠，在阳光的照耀下闪烁着迷人的光芒。细腻柔软的沙滩，宛如一条金色的丝带，沿着海岸线蜿蜒伸展。当海浪轻轻拍打着沙滩，发出悦耳的声响，犹如一首轻柔的摇篮曲，让人的心灵瞬间得到抚慰。

　　漫步在沙滩上，感受着海风的吹拂，那温柔的触感仿佛是大自然的抚摸。远处，碧海蓝天相接，一望无际的海洋让人的视野得到了极大的拓展。海水的颜色由浅及深，从碧绿到湛蓝，层次分明，美不胜收。

在兰卡威岛的海域中，还可以进行各种水上活动。潜水爱好者可以潜入海底，探索那五彩斑斓的海洋世界。绚丽多彩的珊瑚礁如同海底的花园，各种形状各异、颜色鲜艳的鱼儿在其中穿梭游弋。它们时而欢快地追逐嬉戏，时而静静地栖息在珊瑚礁上，展现着生命的灵动与活力。

乘坐游艇出海，也是一种别样的享受。在海面上疾驰，感受着风的速度和海浪的起伏，让人的心情格外舒畅。沿途还可以欣赏到美丽的海岛风光，那些形状奇特的小岛如同散落在海洋中的宝石，散发着独特的魅力。

二、五彩斑斓的生命乐园：热浪岛

热浪岛的海洋世界，是一个充满生机与活力的五彩斑斓的生命乐园。这里的海水清澈透明，能见度极高，为海洋生物提供了良好的生存环境。丰富多样的海洋生物在热浪岛的海域中自由游弋，构成了一幅绚丽多彩的画卷。色彩斑斓的热带鱼群是这里的主角，它们有着各种各样的形状和颜色，如同一朵朵盛开的鲜花在海水中绽放。黄色的蝴蝶鱼、蓝色的鹦嘴鱼、红色的小丑鱼等等，让人目不暇接。

除了热带鱼群，热浪岛的海域中还生活着许多其他的海洋生物。海龟是这里的常客，它们慢悠悠地在海水中游动，显得格外悠闲自在。还有海豚，它们时而跃出水面，时而在海水中嬉戏玩耍，为人们带来了无尽的欢乐。

在热浪岛，还可以进行浮潜和深潜等活动，近距离地观察海洋生物。浮潜时，只需要戴上潜水镜和呼吸管，就可以轻松地潜入水中，与海洋生物来一次亲密接触。深潜则需要专业的装备和教练的指导，但可以深入到海底，探索更加神秘的海洋世界。

三、神秘的绿色宫殿：基纳巴卢山

基纳巴卢山的热带雨林，宛如一座神秘的绿色宫殿。这里生长着茂密的植被，各种珍稀的动植物在其中繁衍生息，诉说着大自然的神奇与奥秘。走进热带雨林，仿佛进入了一个绿色的世界。高大的树木直插云霄，枝叶繁茂，形成了一片绿色的天幕。阳光透过树叶的缝隙洒下，形成一道道金色的光束，给人一种神秘而宁静的感觉。

在热带雨林中，生活着许多珍稀的动植物。马来貘是这里的明星动物之一，它们体型庞大，身上有着黑白相间的花纹，看起来十分可爱。还有红毛猩猩，它们聪明伶俐，善于模仿人类的动作，让人忍俊不禁。此外，还有各种珍稀的鸟类、昆虫和植物，每一种都有着独特的魅力。

沿着山间的小路徒步旅行，可以更好地感受热带雨林的魅力。一路上，可以欣赏到美丽的瀑布、清澈的溪流和奇特的岩石。呼吸着清新的空气，听着鸟儿的歌声，让人仿佛置身于仙境之中。

四、古老的世外桃源：大汉山国家公园

大汉山国家公园的山川壮美秀丽，湖泊宁静澄澈，宛如世外桃源般让人流连忘返。这里的山峰雄伟壮观，有的高耸入云，有的形态奇特，给人一种强烈的视觉冲击。山间的溪流潺潺流淌，清澈见底。溪水在岩石间跳跃，形成了一个个美丽的瀑布。瀑布的水花飞溅，在阳光的照耀下闪烁着晶莹的光芒，如同珍珠般洒落在山间。

大汉山国家公园中的湖泊也是一道亮丽的风景线。湖水宁静澄澈，犹如一面巨大的镜子，倒映着周围的山峰和树木。湖边生长着各种野花野草，色彩斑斓，为湖泊增添了一份生机与活力。在大汉山国家公园中，可以进行徒步旅行、露营、观鸟等活动。徒步旅行可以让你深入地了解这里的自然风光，感受大自然的魅力。露营则可以让你在夜晚欣赏到美丽的星空，体验与大自然亲密接触的感觉。观鸟爱好者可以在这里观察到各种珍稀的鸟类，感受大自然的神奇与美妙。

马来西亚的自然风光，是大自然赋予人类的最珍贵礼物。兰卡威岛的碧海蓝天、热浪岛的五彩斑斓、基纳巴卢山的神秘雨林以及大汉山国家公园的壮美山川和宁静湖泊，每一处都让人流连忘返。让我们珍惜这份大自然的馈赠，共同保护这片美丽的土地，让它的自然风光永远绽放着迷人的光彩。

在马来西亚的自然风光中，我们不仅可以欣赏到美丽的景色，还可以感受到大自然的力量和生命的奇迹。这里的每一处景色都有着自己的故事，等待着我们去发现和探索。无论是在兰卡威岛的沙滩上晒太阳，还是在热浪岛的海洋中潜水，无论是在基纳巴卢山的雨林中徒步，还是在大汉山国家公园的湖泊边露营，我们都能与大自然亲密接触，感受到它的温暖和力量。

马来西亚的自然风光，也是摄影爱好者的天堂。在这里，你可以用相机记录下每一个美丽的瞬间，留下美好的回忆。从日出到日落，从海洋到山川，每一个景色都值得我们用心去捕捉。旅游业的发展也为当地的经济带来了巨大的推动作用。然而，我们在享受大自然的美景的同时，也要注意保护环境，不要破坏这片美丽的土地。

总之，马来西亚的自然风光是大自然赋予人类的最珍贵礼物。让我们一起珍惜这份礼物，共同保护大自然，让它的美丽永远延续下去。无论是现在还是未来，马来西亚的自然风光都将继续吸引着人们的目光，成为人们心中永远的向往之地。

在未来的日子里，我们希望马来西亚能够继续保持其自然风光的美丽和独特性。政府和社会各界应该加强对自然环境的保护，采取有效的措施来减少污染、保护生态平衡。同时，也应该加强对旅游业的管理，引导游客文明旅游，共同保护这片美丽的土地。

我们相信，在大家的共同努力下，马来西亚的自然风光将会更加美丽动人，为人类带来更多的惊喜和感动。让我们一起期待着那一天的到来，一起为保护大自然而努力奋斗。马来西亚的自然风光，是一幅绚丽多彩的画卷，是一首悠扬动听的乐章，是一部充满神奇与奥秘的史诗。让我们走进这片美丽的土地，感受大自然的魅力，领略生命的奇迹。让我们用心去呵护这份珍贵的礼物，让它永远绽放着迷人的光彩。

无论是兰卡威岛的温柔海浪，还是热浪岛的五彩斑斓；无论是基纳巴卢山的神秘雨林，还是大汉山国家公园的宁静湖泊，它们都在向我们诉说着大自然的故事。让我们静下心来，聆听大自然的声音，感受它的温暖和力量。

在这个喧嚣的世界里，马来西亚的自然风光为我们提供了一个宁静的避风港。在这里，我们可以忘却尘世的喧嚣与纷扰，找回内心的平静与安宁。让我们珍惜这片美丽的土地，让它成为我们心灵的栖息地。

马来西亚的自然风光，是大自然的鬼斧神工，是人类的宝贵财富。让我们携手共进，共同保护这片美丽的土地，让它的自然风光永远为人类所共享。让我们用行动来诠释对大自然的热爱，让马来西亚的自然风光成为世界上最璀璨的明珠。最后，让我们再次感叹马来西亚自然风光的美丽与神奇。愿这片美丽的土地永远充满生机与活力，愿大自然的馈赠永远陪伴着我们。让我们一起为保护马来西亚的自然风光而努力，为创造一个更加美好的世界而奋斗。

第十五章

美食文化：
一场味蕾的奇妙之旅

马来西亚美食文化的魅力在于它的多元性和独特性。马来西亚是一个多元文化的国家，不同的民族和文化在这里相互融合，形成了独特的美食文化。在马来西亚，你可以品尝到马来美食的浓郁香气、华人美食的传统风味、印度美食的浓郁香料以及各种街头小吃的独特魅力。每一种美食都有着自己的故事和历史，让人在品尝美食的同时，也能了解到马来西亚的文化和传统。

马来西亚美食文化的魅力还在于它的创新和发展。马来西亚的厨师们不断地创新和尝试，将不同的食材和烹饪技巧融合在一起，创造出了一道道独具匠心的美味佳肴。这些美食不仅满足了人们的味蕾需求，也为马来西亚美食文化的发展注入了新的活力。

马来西亚美食文化的丰富性还体现在它的社交性上。在马来西亚，人们喜欢和家人、朋友一起分享美食。无论是在餐厅里还是在街头小吃摊前，都可以看到人们围坐在一起，品尝美食，聊天说笑的场景。美食成为人们交流和沟通的桥梁，增进了人们之间的感情。

马来西亚美食文化也与宗教和节日有着密切的关系。在马来西亚，不同的宗教和节日都有自己独特的美食传统。例如，在伊斯兰教的开斋节期间，人们会准备各种美食来庆祝节日；在华人的春节期间，人们会吃团圆饭，品尝各种传统的中华美食。这些美食传统不仅丰富了人们的生活，也传承了马来西亚的文化和历史。

马来西亚美食文化的丰富性不仅仅体现在菜肴的种类上，还体现在不同地区的特色美食上。马来西亚由多个州组成，每个州都有自己独特的美食文化。例如，槟城以其丰富的街头美食而闻名。槟城的炒粿条、亚参叻沙、咖喱面等美食深受游客们的喜爱。这些美食不仅味道鲜美，而且价格实惠，是游客们品尝马来西亚美食的好去处。马六甲则以其传统的马来美食和娘惹美食而著称。马六甲的鸡饭粒、沙爹朱律、娘惹糕等美食都是当地的特色美食。这些美食不仅口感独特，而且具有浓郁的历史文化氛围，让人在品尝美食的同时，也能了解到马六甲的历史和文化。沙巴和沙捞越地区则以其丰富的海鲜美食和原住民美食而受到游客们的青睐。沙巴和沙捞越地区的海鲜新鲜美味，价格也非常实惠。此外，这里的原住民美食也非常有特色，如竹筒饭、烤野猪等，让游客们品尝到了不一样的美食体验。

马来西亚美食文化的魅力还在于它的多样性和包容性。在马来西亚，不同的民族和文化都可以在这里找到自己喜欢的美食。无论是马来人、华人、印度人还是其他少数民族，都可以在马来西亚的美食世界中找到属于自己的味道。这种多样性和包容性也反映了马来西亚社会的和谐与团结。在马来西亚，不同民族和文化之间相互尊重、相互学习、相互融合，共同创造了一个丰富多彩的美食文化。这种美食文化不仅是马来西亚的骄傲，也是世界文化的宝贵财富。

一、马来美食：香料与风味的交响曲

马来西亚的马来美食以其独特的香料运用和精妙绝伦的烹饪方法而声名远扬，是马来西亚饮食文化的核心，口味上注重甜、辣、咸的平衡。在马来美食的世界里，常用的香料有姜黄、辣椒、柠檬草、大蒜、洋葱等，这些香料经过巧妙搭配，赋予了马来美食浓郁醇厚的香气和别具一格的口感。

椰浆饭（Nasi Lemak）堪称马来美食中的经典之作。这道美食以椰浆与香米为主料，搭配炸花生、小鱼干、黄瓜片等配菜，再淋上特制的辣椒酱，口感丰富多样，香气四溢。米饭软糯香甜，椰浆的独特香气与辣椒的火辣韵味相互交融，瞬间激发人们的食欲。

沙爹（Satay）也是马来美食中的一道特色佳肴，一种炭烤肉串，通常搭配花生酱食用。通常由鸡肉、牛肉或羊肉等肉类制成，经过精心腌制后用竹签串起，置于炭火上烤制。在烤制过程中，肉类充分吸收香料的味道，变得香气扑鼻。食用时，将烤好的沙爹搭配特制的花生酱，味道浓郁，口感丰富，让人回味无穷。

马来咖喱是马来西亚饮食文化中不可或缺的一部分，以其浓郁的香料风味、丰富的口感和独特的烹饪方式而广受喜爱。它不仅是一道菜品，更是马来文化、历史与风土的体现。它一般以鸡肉、牛肉、羊肉或海鲜为主要原料，加入各种香料和椰浆炖煮而成。马来咖喱味道浓郁，香气四溢，口感醇厚。不同地区的马来咖喱各具特色，有的偏辣，有的偏甜，有的则带有浓郁的椰浆味道，每一种都展现出独特的魅力。

此外，马来美食中还有许多其他特色菜肴，如亚参叻沙、仁当牛肉、马来糕点等，每一口都饱含着浓郁的地域特色，让人深深领略到马来文化的独特魅力。

二、华人美食：传统与本地化的完美结合

在马来西亚的华人社区，中华美食与当地食材和烹饪技巧巧妙融合，创造出了一道道独具匠心的美味佳肴。华人美食是马来西亚饮食文化的重要组成部分，它既传承了中华美食的精髓，又吸收了本地风味，创造出别具一格的特色菜肴：

肉骨茶是马来西亚华人美食中最具代表性的一道。它以猪肉和药材为主要原料，熬制而成的汤头浓郁醇厚，香气扑鼻，具有滋补养生的功效。肉骨茶中的猪肉鲜嫩多汁，搭配特制的酱料，味道十分美味。

炒粿条也是马来西亚华人的标志性美食。以粿条为主要原料，加入虾仁、鸡蛋、豆芽、韭菜等配菜，再用酱油、蚝油等调料炒制而成。炒粿条口感爽滑，味道鲜美，层次丰富。

娘惹美食融合了华人和马来人的传统，代表性菜肴如娘惹糕点、叻沙（Laksa）等，展现了甜辣酸的多重口感。

此外，马来西亚的华人美食中还有很多其他特色菜肴，如海南鸡饭、云吞面、烧腊等。华人美食体现了海外华人将家乡味道与当地食材相结合的智慧，同时在马来西亚的多元文化环境中不断发展创新。既保留了中华美食的传统风味，又融入了当地的食材和烹饪技巧，形成了独特的马来西亚华人美食风格。

三、印度美食：香料王国的浓郁滋味

印度美食以其丰富的香料和独特的烹饪方法闻名于世，在马来西亚也备受欢迎。印度美食不仅是味觉的享受，还保留了浓厚的文化仪式感，如手抓饭和香料的使用，体现了印度饮食的传统。

印度咖喱作为印度文化传播的一部分，它融合了印度次大陆的烹饪精髓与马来西亚本地的饮食特色，呈现出多元而独特的风味。印度咖喱通常以鸡肉、牛肉、羊肉或蔬菜为主要原料，加入各种香料和酸奶炖煮而成。不同地区的印度咖喱有着不同的特色，有的偏辣，有的偏甜，有的则带有浓郁的酸奶味道。

印度煎饼是马来西亚最具代表性的街头小吃之一，源自印度南部，却在马来西亚这片多元文化的土地上焕发出独特的魅力。无论是在高档餐厅还是路边摊，你都可以品尝到这道经典美食。印度煎饼由面粉、水和盐等原料制成，经过发酵后用平底锅煎制而成。印度煎饼口感酥脆，香气扑鼻，可以搭配各种酱料和配菜食用。

此外，印度美食中还有很多其他特色菜肴，如印度飞饼、印度拉茶、印度甜点等。这些美食每一口都充满了浓郁的香料味道，给食客带来别样的味觉冲击。马来西亚的印度美食是香料王国的一场盛宴，它将传统与创新完美融合，带来丰富多样的味觉体验。从浓郁的印度咖喱到酥脆的印度煎饼，从甜蜜的印度甜点到温暖的印度拉茶，每一口都是对文化与历史的致敬。

四、吉隆坡街头小吃：舌尖上的狂欢

吉隆坡，作为马来西亚的首都，不仅是一个文化交汇的中心，更是一座美食爱好者的天堂。城市街头巷尾遍布各式各样的小吃摊位，每一道小吃都充满了独特的风味，体现了马来、华人、印度以及其他族群文化的交融。这些街头小吃不仅价格实惠，更承载着吉隆坡的生活气息，是游客和当地人都无法抗拒的美食体验。

吉隆坡街头小吃的最大特色在于其多样性，体现了马来西亚社会的文化包容性。每一种小吃背后都有着深厚的文化根基，呈现出浓郁的地方特色。马来美食如椰浆饭和沙爹充满了热带风情，华人美食则以炒粿条、云吞面和肉骨茶为代表，追求食材的丰富性和口感的层次感。而印度美食如印度煎饼、咖喱和拉茶则将香料的使用融入每一口的味觉中，展现了浓烈的南亚风情。这些街头小吃是吉隆坡多元文化的一部分，展示了马来西亚社会的包容和开放。

街头小吃是吉隆坡生活方式的重要组成部分。无论是忙碌的工作日清晨，还是热闹的夜晚，街头小吃总能在最适合的时刻出现。它们不仅满足了味蕾，也承载着浓厚的市井气息。无论是马来族的椰浆饭，华人摊位的炒粿条，还是印度摊点的印度煎饼，每一道小吃都充满了生活的烟火气。街头摊位通常由本地人经营，他们的热情和亲切感使每一位食客都感到宾至如归。街头小吃的便捷性和实惠性，使其成为当地居民日常生活中不可或缺的一部分。

吉隆坡的夜市是街头小吃的天堂，也是当地居民和游客聚集的热闹场所。夜市通常会有很多摊位，售卖各种地道的小吃，从沙爹到叻沙，从煎饼到甜品，应有尽有。最著名的夜市之一是阿罗街（Jalan

Alor），这里的摊位总是挤满了人，食客们可以一边品尝美食，一边感受浓厚的市井文化和热闹气氛。夜市不仅仅是一个美食的集结地，也是当地居民日常生活的一部分，是了解吉隆坡文化和生活方式的一个窗口。

吉隆坡的街头小吃不仅在本地广受欢迎，还吸引了世界各地的游客前来品尝。这些美食不仅代表了吉隆坡的文化特色，也向外界展示了马来西亚多元民族和融合精神的独特魅力。随着国际旅游业的发展，吉隆坡的街头小吃逐渐走出国门，成为马来西亚文化的代表之一。游客来到吉隆坡，不仅可以品尝到各种美味的小吃，还能够深入了解这座城市的文化底蕴和人文风情。

吉隆坡的街头小吃不仅仅是味觉的享受，它们是一座城市文化的缩影，也是了解这座城市历史和多元文化的钥匙。无论是快节奏的工作日清晨，还是悠闲的周末夜晚，吉隆坡的街头小吃总能满足人们的味蕾，让人们感受到浓浓的烟火气。它们以独特的风味和丰富的文化背景吸引了无数食客，也让吉隆坡成为一个不容错过的美食之都。如果你想真正感受吉隆坡的魅力，不妨从一份街头小吃开始，领略这座城市的热情与包容。

马来西亚的美食文化是一场令人陶醉的味觉盛宴。无论是传统的马来美食、华人美食、印度美食，还是街头小吃和特色美食，每一种都值得我们去品味和探索。走进马来西亚的美食世界，将是一场品尝味蕾的奇妙之旅，你将感受马来西亚美食文化的独特魅力和人民的热情，领略这个多元文化国家的风采。

第十六章

城市之光：
现代与传统交织的璀璨画卷

马来西亚拥有着众多如璀璨明珠般的城市。这些城市既散发着现代的活力与魅力，又承载着传统的历史与文化，共同构成了一幅绚丽多彩的画卷，吸引着来自世界各地的游客前来探寻。

一、吉隆坡：现代化与传统文化的结合

现代都市的繁荣象征吉隆坡，马来西亚的首都，是一座充满活力和魅力的现代化大都市。这里高楼林立，交通便捷，商业繁荣，是马来西亚的政治、经济和文化中心。

国油双峰塔，吉隆坡的标志性建筑，高耸入云，气势恢宏。这两座摩天大楼以其独特的设计和壮观的外观，成为吉隆坡乃至整个马来西亚的象征。国油双峰塔由两个高达 452 米的塔楼组成，中间由一座空中走廊相连。站在国油双峰塔的观景台上，可以俯瞰整个吉隆坡的美景，城市的繁华尽收眼底。

除了国油双峰塔，吉隆坡还有许多现代化的建筑和设施。购物中心、

酒店、写字楼等鳞次栉比，展示着这座城市的繁荣与现代化进程。吉隆坡的购物中心非常发达，各种国际品牌和本土品牌应有尽有，满足了人们的购物需求。酒店也非常豪华，为游客提供了舒适的住宿环境。写字楼则是商业活动的中心，许多跨国公司和本地企业在这里设立了总部。

吉隆坡的交通也非常便捷。地铁、轻轨、巴士等公共交通工具覆盖了整个城市，方便了人们的出行。此外，吉隆坡还有国际机场，连接着世界各地，为游客提供了便利的交通条件。

在现代化的背后，吉隆坡也有着丰富的历史和文化。吉隆坡的老城区保存着许多历史建筑和文化遗迹，如独立广场、国家清真寺、吉隆坡火车站等。这些建筑和遗迹见证了吉隆坡的历史变迁，也展示了马来西亚的多元文化。

独立广场是吉隆坡的重要地标之一，这里曾经是英国殖民时期的政府大楼所在地。如今，独立广场成为人们休闲娱乐的场所，周围环绕着许多历史建筑和博物馆。国家清真寺是马来西亚最大的清真寺，以其壮观的建筑和独特的设计吸引着众多游客前来参观。吉隆坡火车站则是一座具有百年历史的建筑，融合了摩尔式和马来式的建筑风格，非常美丽。

二、槟城：传统文化与现代艺术的碰撞

历史与艺术的交融之地槟城，位于马来西亚西北部的一个岛屿上，是一座充满历史和艺术气息的城市。这里保存着许多历史建筑和文化遗迹，同时也有着丰富的街头艺术和美食文化，是一个非常适合旅游的城市。

槟城的历史可以追溯到 18 世纪，当时这里是英国殖民地。在英国殖民时期，槟城得到了快速的发展，成为一个重要的贸易中心。如今，

槟城的老城区保存着许多历史建筑和文化遗迹，如乔治市的街头壁画、张弼士故居、康华利斯堡等。这些建筑和遗迹见证了槟城的历史变迁，也展示了马来西亚的多元文化。

乔治市的街头壁画是槟城的一大特色。这些壁画分布在乔治市的各个角落，以其生动的画面和独特的创意吸引着众多游客前来参观。街头壁画的主题非常丰富，有历史故事、文化传统、生活场景等，让人们在欣赏艺术的同时，也了解了槟城的历史和文化。

张弼士故居是槟城的一座历史建筑，也是马来西亚的重要文化遗产。这座故居是由中国清朝时期的富商张弼士所建，融合了中式和欧式的建筑风格，非常美丽。故居内部保存着许多珍贵的文物和历史资料，展示了张弼士的生平事迹和槟城的历史变迁。

康华利斯堡是槟城的一座古老城堡，建于 18 世纪。这座城堡曾经是英国殖民时期的军事要塞，如今成为一个历史遗迹和旅游景点。城堡内部保存着许多历史文物和照片，展示了槟城的历史和文化。

除了历史建筑和文化遗迹，槟城还有着丰富的美食文化。槟城的美食以其独特的口味和丰富的种类而闻名于世。这里有各种传统的马来西亚美食，如炒粿条、亚参叻沙、咖喱面等，也有许多中式和印度式的美食。此外，槟城还有许多特色小吃和甜点，如煎蕊、红豆冰、榴梿糕等，让人们在品尝美食的同时，也感受到了槟城的独特魅力。

三、马六甲：历史的见证者

历史的见证者马六甲，位于马来西亚南部的一个城市，是马来西亚历史最悠久的城市之一。这里保存着许多历史遗迹和古老街道，见证了马六甲的兴衰与变迁，也展示了马来西亚的多元文化。

马六甲的历史可以追溯到 14 世纪，当时这里是一个重要的贸易中心。马六甲在历史上曾经被葡萄牙、荷兰和英国等国家殖民统治过。如今，马六甲的老城区保存着许多历史遗迹和古老街道，如荷兰红屋、鸡场街、圣保罗教堂等。这些建筑和遗迹见证了马六甲的历史变迁，也展示了马来西亚的多元文化。荷兰红屋是马六甲的标志性建筑之一，建于 17 世纪。这座建筑是荷兰殖民时期的总督府所在地，以其红色的外观和独特的建筑风格而闻名于世。荷兰红屋内部保存着许多历史文物和照片，展示了马六甲的历史和文化。

鸡场街是马六甲的一条古老街道，也是马六甲最热闹的地方之一。这里保存着许多传统的建筑和店铺，如中式的庙宇、马来式的清真寺、印度式的寺庙等。鸡场街还有许多特色小吃和手工艺品，让人们在感受历史文化的同时，也能品尝到美食和购买到纪念品。

圣保罗教堂是马六甲的一座古老教堂，建于 16 世纪。这座教堂曾经是葡萄牙殖民时期的重要建筑，如今成为一个历史遗迹和旅游景点。教堂内部保存着许多历史文物和照片，展示了马六甲的历史和文化。除了历史遗迹和古老街道，马六甲还有着美丽的自然风光。马六甲海峡是世界上最繁忙的海峡之一，这里的海景非常美丽。此外，马六甲还有许多公园和花园，如马六甲动物园、蝴蝶园等，让人们在欣赏历史文化的同时，也能感受到大自然的美丽。

马来西亚的城市之所以如此吸引人，不仅仅是因为它们的现代化和历史文化，还因为它们有着独特的魅力。

马来西亚的城市拥有丰富多样的宗教文化。伊斯兰教、佛教、基督教、印度教等多种宗教在这些城市中和谐共存，各自拥有着众多的寺庙、教堂、清真寺等宗教场所。这些宗教场所不仅是信徒们进行宗教活动的地方，也是城市的重要文化景观，吸引着众多游客前来参观。不同宗教的节日和庆典也为城市增添了浓厚的文化氛围。在伊斯兰教的开斋节、基督教的圣诞节、佛教的卫塞节等节日期间，城市里到处洋溢着欢乐和祥和的气氛。人们可以欣赏到各种宗教仪式和庆祝活动，感受不同宗教文化的独特魅力。

马来西亚的城市还注重社区建设和居民的生活质量。城市中有着完善的社区设施和服务，如学校、医院、超市、公园等，为居民提供了便利的生活条件。同时，城市也积极组织各种社区活动，如运动会、文艺演出、志愿者活动等，增强了居民的凝聚力和归属感。对于游客来说，马来西亚的城市不仅是旅游的胜地，更是一个可以深入了解当地居民生活和文化的地方。游客们可以走进社区，与当地居民交流互动，体验他们的生活方式和文化传统，感受马来西亚城市的人文魅力。

马来西亚的城市在发展过程中也面临着一些挑战。例如，城市的交通拥堵、环境污染、贫富差距等问题需要得到有效的解决。同时，随着全球化的加速和旅游业的发展，城市也需要不断地提升自身的竞争力和吸引力，保护和传承好自己的历史文化和传统特色。为了应对这些挑战，马来西亚的城市采取了一系列的措施。在交通方面，加强了公共交通建设，推广绿色出行方式，缓解交通拥堵问题。在环境保护方面，加大了对环境污染的治理力度，推广可持续发展的理念和技术。在社会发展方面，加强了对贫困人群的扶持和帮助，缩小贫富差距，促进机会公平。

马来西亚的城市还拥有丰富的自然资源。吉隆坡周边有着美丽的山脉和森林，槟城则有着迷人的海滩和海岛，马六甲则有着壮观的海峡和河流。这些自然资源为城市的发展提供了重要的支撑，也为人们提供了休闲娱乐的好去处。人们可以在山区进行徒步旅行、露营、登山等活动，感受大自然的美丽和宁静。在海滩和海岛，可以进行游泳、潜水、冲浪等水上活动，享受阳光和海浪的拥抱。在海峡和河流，可以乘坐游船欣赏美景，或者进行钓鱼等活动，体验悠闲的生活方式。

马来西亚的城市还注重文化教育和科技创新。城市中有许多博物馆、图书馆、科技馆等文化教育设施，为人们提供了学习和探索的机会。同时，城市也积极推动科技创新，鼓励企业和创业者进行创新研发，提高城市的科技水平和竞争力。

对于游客来说，马来西亚的城市不仅是一个可以欣赏美景、品尝美食的地方，更是一个可以学习和探索的地方。游客们可以参观博物馆、图书馆等文化教育设施，了解马来西亚的历史文化和科技创新成果。也可以与当地的创业者和科技人才交流互动，感受马来西亚的创新氛围和发展潜力。

第十七章

宜居之国：
温和宜人，异乡如家

马来西亚，常给人以地处热带便酷热难耐的印象，然而真正踏入这片土地，便会惊喜地发现其气候温和舒适，绝非想象中那般炎热，且相对远离地震、海啸等自然灾害，为人们带来了安宁与和谐，是一个极具魅力的宜居之国。

一、气候宜人，四季如春

马来西亚位于赤道附近，拥有典型的热带气候，全年气温温暖、湿润，适合各种植物生长，也为人们提供了舒适的生活环境。尽管马来西亚的气候较为炎热，但海风与绿树成荫的环境使得气温变得温和宜人。四季如春的气候，无论是酷热的夏季，还是偶尔的阵雨，都会给人一种舒适且悠闲的生活体验。

这里降水丰富，充沛的雨水不仅滋养着热带雨林，为植被提供充足水分，还能有效降低气温，使环境湿润凉爽，尤其是雨季，频繁的降雨更是带来了清新宜人的空气。此外，马来西亚被海洋环绕，海洋的巨大热容量使得气温变化平缓，极大地避免了极端气候的出现，海风也不断带来凉爽与清新，让气候更加宜人。

对于大多数外籍人士而言，马来西亚的气候是一大吸引力。相较于寒冷的冬季和严酷的夏季，温暖的天气使得生活在马来西亚的居民可以全年享受户外活动和丰富的自然资源，带来了轻松愉悦的生活氛围。

二、远离自然灾害，安全庇护所

除了温和的气候，马来西亚还因稳定的地质结构和远离板块边界的地理位置，相对远离地震、海啸等自然灾害。

马来西亚位于亚洲的心脏地带，处在亚洲大陆和印度洋的交汇处，天然屏障使其远离了最容易遭受自然灾害的区域。首先，马来西亚不位于世界上最活跃的地震带上，尽管周边地区如印尼、菲律宾会发生地震和火山爆发，但马来西亚本土很少受到地震波及。相较于世界上的一些地震频发地区，马来西亚的地震活动较为低频，生活在这里的居民相对免受大规模震灾的困扰。

此外，马来西亚的地理位置也让它远离了常年横扫亚洲的台风带。虽然偶尔会受到热带风暴的影响，但由于马来西亚位于赤道附近，台风的强度和频率相对较低。因此，与其他热带地区相比，马来西亚的居民面对的风暴风险要小得多。

三、宜居之国，舒适生活与全方位设施保障

温和的气候与安全的自然环境，共同促使马来西亚成为宜居之国。这里拥有完备先进的基础设施，交通方面，公路网络四通八达，连接各

个城市与地区，高速公路宽敞平坦，行车顺畅；还有现代化的铁路系统，包括城市轻轨和长途火车，提供了多样的出行选择；航空领域，多个国际机场与世界各国紧密相连，便于国际旅行。通信设施先进，互联网覆盖率高、网速快，移动通信网络信号覆盖广泛。能源供应稳定可靠，电力和水资源供应充足，电力系统不断升级完善，水资源也得到妥善保护和管理。在医疗保健服务方面，马来西亚同样表现出色，医疗设施先进，众多现代化医院和诊所配备了先进的医疗设备与技术，硬件设施达到国际标准，医疗技术和服务质量持续提升。医疗专业人员素质高，医生和护士经过严格专业培训，具备丰富临床经验和专业知识，既能准确诊断和有效治疗，又能给予患者贴心关怀照顾。医疗服务多元化，涵盖内科、外科、妇产科、儿科、眼科、牙科等各个领域，还提供传统医学和替代医学服务，如中医、针灸、按摩等。且医疗费用合理，与其他发达国家相比相对较低，却能提供不打折扣的高质量医疗服务。

丰富多样的休闲娱乐设施也为生活增添了诸多乐趣。旅游景点众多，美丽的海滩、壮观的山脉、古老的历史遗迹和丰富的文化景观应有尽有，人们可以在海滩上享受阳光沙滩和海浪，在山脉中徒步旅行和探险，在历史遗迹中感受古老文化魅力，在文化景观中体验多元文化融合。主题公园丰富，如乐高乐园、双威水上乐园、云顶高原主题公园等，提供各种刺激游乐设施和精彩表演，适合不同年龄段游客。购物中心林立，国际品牌和本土品牌一应俱全，人们可在此购物、品尝美食、观看电影、参与各种娱乐活动，享受一站式休闲娱乐体验。体育设施完善，足球场、篮球场、网球场、游泳池等体育场馆和运动设施完备，满足人们的运动健身需求。

这里的生活环境舒适宜人，气候全年温暖，阳光充足，雨量充沛，非常适合生活和旅游，让人们能尽情享受大自然的美好。自然环境优美，拥有丰富的自然资源和生态景观，森林、河流、湖泊、海滩等自然景观让人们可以亲近大自然、放松身心，同时马来西亚注重环境保护和生态建设，努力营造绿色、清洁、美丽的生活环境。社会治安良好，政府采取一系列措施保障人民生命财产安全，警察部门积极履行职责，维护社会治安，打击违法犯罪活动。

在服务体验方面，马来西亚的服务行业十分发达。酒店服务周到，从豪华五星级酒店到经济实惠的民宿，都能为游客提供热情友好、专业的服务，满足游客各种需求。餐饮服务美味，美食丰富多样，融合了马来、中华、印度等不同民族的饮食文化，餐厅和小吃摊提供各种美味菜肴和小吃，且注重卫生和质量，让人们放心享用。旅游服务专业，旅行社和导游熟悉当地旅游景点和文化特色，能为游客制定合理旅游路线，让游客更好地了解马来西亚的历史和文化。

对于游客来说，在马来西亚能拥有高品质的生活体验，他们可以入住豪华酒店，享受舒适住宿环境和周到服务，在酒店游泳池畅游、健身房锻炼、餐厅品尝美食、SPA 中心放松身心；可以参观旅游景点，感受大自然的美丽和历史文化魅力，在海滩晒太阳、游泳、潜水，在山脉徒步旅行、探险，在历史遗迹参观博物馆、了解历史；可以品尝美食，体验不同民族饮食文化，在餐厅品尝马来美食、中华美食、印度美食等，也可在小吃摊品尝各种特色小吃和甜点；还可以参加休闲娱乐活动，去主题公园游玩、购物中心购物、体育场馆运动、电影院看电影。

总之，马来西亚以其完备先进的基础设施、高质量的医疗保健服务、丰富多样的休闲娱乐设施、便捷舒适的生活环境和优质贴心的服务体验，为居民和游客带来了高品质的生活，让人们尽情享受生活的美好，深深感受其独特魅力。无论是长期居住还是短期旅游，马来西亚都是一个值得选择的理想之地，相信在未来，马来西亚将继续努力提升人们的生活品质，为人们创造更加美好的生活。

第十八章

语言沟通的魅力之地

马来西亚，这个充满魅力的东南亚国家，以其丰富多样的语言环境吸引着来自世界各地的游客。在这里，英语的广泛应用极大地促进了国际交流和旅游业的发展，同时，丰富充足的语言学习资源也为游客们更好地融入当地生活和文化提供了有力支持。游客们能够轻松自如地与当地人进行交流沟通，深入了解马来西亚独特的文化和生活方式。

一、丰富多样的语言环境：文化交融的缩影

马来西亚是一个语言的百花园，广泛使用马来语、英语、中文、泰米尔语等多种语言。这种多语种并存的社会环境为学习和使用多种语言提供了得天独厚的条件。

马来语作为国家语言，在马来西亚的官方场合和日常生活中广泛使用。学习马来语不仅可以帮助外国人更好地融入当地文化，还能为商业交流、社会交往提供便利。

英语作为马来西亚的第二官方语言，拥有极高的普及率，是国际化

的沟通桥梁。无论是在教育、商业还是旅游领域，英语都扮演着重要角色。马来西亚的英语教育质量高、使用频率高，形成了一个天然的英语学习环境。特别是对于那些以英语为学习目标的学生而言，这里既能提供沉浸式的语言环境，又避免了英美等国高昂的留学成本。

马来西亚是华人移民的聚集地之一，中文的使用在这里极为普遍，是华人文化的语言传承。无论是马来西亚华人社会中的日常交流，还是中文学校的教学，这里都保存并延续了华人文化的精髓。此外，许多马来西亚华人能够熟练掌握多种语言，使得中文在多语种沟通中发挥着重要作用。

马来西亚的印度裔人口主要使用泰米尔语，同时也有其他少数民族语言的存在。这些语言的多样性构成了马来西亚文化的多元面貌，为语言学习者提供了探索不同语言与文化的机会。

二、轻松自如的交流体验：从沟通到理解

在马来西亚，语言不仅是工具，更是文化的象征。多语种的使用不仅让人们能够高效沟通，还促进了不同文化之间的相互理解和尊重。

多语种的日常交流。在日常生活中，马来西亚人常常根据场合和对象切换语言。在家庭中，他们可能使用母语；在学校或职场，他们使用英语或马来语。这种语言的切换能力展现了马来西亚人的语言天赋，也为学习者提供了多语言的环境。

多文化活动中的丰富语言体验。马来西亚以丰富的文化活动著称，如开斋节、春节、屠妖节等节庆活动。在这些活动中，不同语言被自然地融入传统习俗和礼仪中，为参与者提供了真实的语言学习和文化体验

233

场景。例如，在春节期间，你可能听到中文的拜年话语，同时感受到节日的喜庆氛围。

语言学习中的文化内涵。学习马来语不仅意味着掌握一种语言，还包括对马来文化的深入了解。从传统的马来民间故事到现代的流行音乐，语言学习者可以通过丰富的文化内容感受马来西亚人的生活方式和价值观。同样，学习中文或泰米尔语也意味着打开了通向中华文化和印度文化的大门。

三、多语言教育优势与国际化发展：面向未来的竞争力

马来西亚在语言教育方面的多样性和高质量令人瞩目。从幼儿教育到高等学府，这里提供了丰富的语言学习机会。

马来西亚的国际学校广泛采用多语种教学模式。以英语为主的课程体系中，通常还提供马来语、中文等课程，使学生在掌握国际语言的同时，也能接触到本地语言和文化。这种教学方式非常适合来自多语言家庭的孩子，也为国际学生提供了语言学习的多样选择。

马来西亚的高等院校在语言教育方面拥有卓越的实力。例如，马来亚大学、马来西亚国立大学等名校开设了语言学、翻译学以及东南亚语言与文化研究等课程，为学生提供了深入学习语言的机会。这些课程结合了理论与实践，注重培养学生的语言应用能力和跨文化交际能力。

马来西亚的社区组织和语言机构常常开展语言学习项目，为当地居民和外国人提供学习马来语、中文和其他语言的机会。这些项目费用低廉，教学方式灵活，特别适合初学者或希望提高实际语言能力的人。

掌握多种语言是参与全球化的关键。在马来西亚，多语言的环境不仅为个人发展提供了优势，也对国家的国际化进程产生了深远影响。对于计划在马来西亚就业或创业的外国人来说，掌握马来语和英语无疑是最大的竞争力。在跨国公司、国际贸易、旅游业等领域，语言能力往往是成功的关键因素。

语言畅通是国际关系的桥梁。马来西亚凭借其多语种环境，成为连接亚洲与世界的重要纽带。特别是在"一带一路"倡议框架下，马来西亚的多语言人才为推动国际合作和文化交流发挥了积极作用。

马来西亚以其多语言的环境、丰富的语言教育资源和深厚的文化底蕴，成为语言学习者和文化探索者的理想目的地。在这里，语言不仅是一种技能，更是一种跨越文化障碍、增进相互理解的力量。对于希望在多语种环境中学习、成长和发展的学子来说，马来西亚的求学之旅无疑是一场充满魅力的语言与文化探索之旅。

第十九章

理想的留学国度：
踏上马来西亚的求学之旅

马来西亚，这个拥有丰富优质教育资源的国家，以其独特的魅力吸引着来自世界各地的学子。这里的高等教育在国际上享有盛誉，友好的留学政策和多元文化的学术氛围为留学生们提供了优越的学习和成长条件。对于众多怀揣梦想、有志于深造的学子来说，马来西亚无疑是一片理想的求学净土。

一、马来西亚高校：卓越教育的璀璨明珠

在当今全球化的教育格局中，马来西亚高校犹如一颗颗璀璨的明珠，以卓越的教育质量在国际舞台上熠熠生辉，吸引着众多学子的目光。

马来西亚的高校拥有极为丰富的教学资源。现代化的教学设施一应俱全，宽敞明亮的教室配备先进的多媒体设备，为教学活动增添丰富的视听效果，使知识的传授更加生动直观。图书馆宛如一座智慧的殿堂，藏书量浩如烟海，图书广泛涵盖各个学科领域，从古老的经典文献到前

沿的学术著作，从专业的学术期刊到丰富的电子资源，应有尽有，为学生提供广泛而深入的学习资源。实验室设施精良，为理工科学生进行科学实验和研究提供有力保障，先进的仪器设备和完善的实验环境助力学生探索科学的奥秘。

马来西亚高校的课程体系丰富多样，充分满足不同学生的个性化需求。传统的学术课程注重理论知识的传授，为学生奠定坚实的学业与专业基础。同时，实习和实践导向的专业课程紧密结合社会及行业发展需求，通过实习、项目实践等方式，教育培养学生的实际操作能力和解决问题的能力。尤为值得一提的是，双联课程是马来西亚高校的一大特色亮点，学生可以在马来西亚完成部分学业后，前往与欧美、澳洲等国合作的大学继续深造。这种课程模式为学生提供更广阔的学习平台和国际教育资源，使他们能够接触到不同国家的教育体系和文化，拓宽国际视野，最终获得国际认可的学位证书。

马来西亚高校拥有一支实力雄厚、高水平的师资队伍。这些教师大多具有丰富的教学经验和国际背景，在各自的专业领域深耕细作，具备深厚的学术造诣。他们不仅能够传授扎实的学科知识，更注重与学生的互动和交流。课堂上，他们鼓励学生积极提问、发表观点，培养学生的批判性思维。通过小组讨论、项目合作等教学方式，激发学生的创新能力和团队合作精神。在马来西亚的高校中，许多教师拥有英美等国的教师职业资格，以专业的教学素养和国际化的教育理念，为学生提供全方位的指导和支持。

在马来西亚，众多高校对国际化教学环境的营造给予了高度重视。它们以积极进取的姿态，大力拓展与国际知名大学的紧密合作关系。通过广泛开展学术交流与合作项目，源源不断地引进国际先进的教育理念和教学方法。如此一来，为学生精心提供了与世界无缝接轨的宝贵学习机会。这种充满活力的国际化教学环境，宛如一把神奇的钥匙，助力学生开启拓宽国际视野的大门。在这里，学生们能够亲身领略不同国家的教育风采，汲取多元文化的智慧精华。跨文化交流能力也在不知不觉中得以增强，为他们未来的人生之路奠定坚实基础。学生们有幸与来自不同国家和地区的同学共同学习、共同生活，在交流互动中深入了解不同文化的差异与共性。这丰富多彩的体验，如同一场文化的盛宴，让他们的大学生活熠熠生辉。同时，马来西亚的高校还以极大的热情大力鼓励学生积极参与国际竞赛、实习和交换生项目。国际竞赛是学生们展现才华、挑战自我的舞台，他们在激烈的竞争中磨砺技能，绽放光芒。实习项目则为学生提供了将理论知识与实践相结合的机会，让他们提前感受职场氛围，积累宝贵经验。交换生项目更是让学生有机会亲身体验不同国家的教育体系和文化氛围，拓宽人生阅历。通过这些举措，高校致力于提升学生的综合素质，丰富他们的人生体验，为他们的未来发展注入强大动力。马来西亚高校正以坚定的步伐，引领学生走向更加广阔的世界舞台。

在学术研究和教学质量方面，马来西亚的高校表现出色，齐头并进。众多高校在多个学科领域开展深入的学术研究，取得丰硕的科研成果。以马来亚大学为例，其医学院和工程学院在国际上享有极高的声誉。医学院的科研团队在医学前沿领域不断探索，为推动医学进步作出重要贡献；工程学院的研究成果在实际应用中发挥巨大作用，为国家的基础设施建设和科技创新提供有力支持。这些高校不仅注重科研成果的产出，还致力于将科研成果转化为教学资源，将最新的研究成果融入教学内容中，使学生能够接触到前沿的学术知识，提升教学质量和水平。

马来西亚的高校在国际排名中成绩斐然，充分证明其教育质量的卓越性。在泰晤士高等教育世界大学排名和 QS 世界大学排名等权威排名中，马来西亚的多所大学均表现出色，跻身前 500 名甚至更高名次。这些排名不仅反映了马来西亚高校在教育质量、学术研究、师资力量、国际化程度等方面的综合实力，也为其在国际上的认可度提供了有力支撑。越来越多的国际学生选择马来西亚高校作为留学目的地，进一步提升了马来西亚高校的国际影响力。

在马来西亚高校学习，学生们不仅能够获得优质的教育资源，还能拓宽国际视野、培养创新能力和团队合作精神，为未来的职业发展和人生道路奠定坚实的基础。

二、马来西亚国际学校：独特优势，开启国际教育新篇章

在当今全球化的教育背景下，马来西亚的国际学校凭借其众多独特优势，吸引着来自中国、韩国、中东以及世界各地的学生，为他们开启了一段精彩纷呈的国际教育之旅。这些优势不仅体现在教育质量和资源上，还涵盖了文化多样性、生活成本、地理位置以及社会环境等多个方面，共同构成了马来西亚国际学校独特的吸引力。

首先，马来西亚国际学校拥有多元文化融合的学习环境，这是一大独特魅力。马来西亚作为一个多元文化的国家，汇聚了不同种族的人们，并敞开怀抱接纳了来自世界各地的移民和留学生。在这里，学生们可以

结交来自世界各地的朋友，深入了解不同国家的文化、习俗和价值观。这种多元文化的交流不仅拓宽了学生们的国际视野，更培养了他们的跨文化沟通能力和包容精神。例如，中国学生可以与韩国学生共同探讨东亚文化的异同，与中东学生交流不同宗教和传统的独特魅力，这种跨文化的互动让学习变得更加丰富多彩。在这样的环境中，学生们学会了尊重和理解不同文化，培养了全球意识和国际竞争力。这种跨文化的交流经验对于学生们未来的国际交流和职业发展具有不可估量的价值。

其次，马来西亚国际学校在教育资源方面同样具备显著优势。国际学校通常配备现代化的教学设施，如宽敞明亮的教室、先进的多媒体设备、科学实验室、藏书丰富的图书馆、艺术工作室以及体育场馆等。这些设施为学生提供了良好的学习和发展空间，充分满足不同学科和兴趣爱好的需求。在这样的环境中，学生们可以充分发挥自己的潜力，探索各种学术和艺术领域的可能性。同时，国际学校的教师大多具有国际教育背景和丰富的教学经验，他们来自不同的国家，拥有专业的教育资质和教学技能。这些教师不仅能够传授学科知识，还非常注重培养学生的综合素质，如批判性思维、创新能力以及团队合作精神等。他们采用多样化的教学方法，激发学生的学习兴趣和创造力，帮助他们建立扎实的学术基础和培养全面发展的能力。此外，马来西亚的国际学校通常采用国际认可的课程体系，如国际文凭课程（IB）、英国剑桥课程（Cambridge）以及美国课程等。这些课程注重培养学生的综合素质和国际视野，为他们进入世界一流大学奠定坚实的基础。同时，学校还提供丰富的选修课程和课外活动，充分满足学生的个性化需求和兴趣爱好。学生们可以根据自己的兴趣和目标选择适合自己的课程和活动，进一步拓展自己的知识和技能。

再者，马来西亚国际学校以相对较低的学费和生活成本吸引了众多家庭的目光。与其他发达国家的国际学校相比，马来西亚的国际学校收费更为合理，性价比极高。对于中国、韩国、中东等国家的家庭来说，选择马来西亚的国际学校可以在一定程度上减轻经济负担。这使得更多的家庭有机会为孩子提供优质的国际教育，而不必承受过高的经济压力。在生活成本方面，马来西亚的物价相对较低，生活费用亲民。学生们可以在校园内或周边的餐馆、购物中心和娱乐场所享受丰富多样的生活，而不必担心过高的生活开销。同时，马来西亚的交通便利、医疗设施完善，为学生和家长提供了良好的生活保障。这使得学生和家长可以更加专注于学习和生活，而不必为琐事烦恼。

另外，马来西亚国际学校的地理位置和气候条件也是其独特优势之一。马来西亚位于东南亚地区，地理位置优越且交通便利。对于中国、韩国、中东等国家的学生来说，前往马来西亚留学相对较为便捷。这使得学生们可以更加轻松地适应新环境，并享受与家人和朋友的紧密联系。而马来西亚的气候属于热带气候，全年温暖湿润、阳光充足。这种宜人的气候条件为学生们提供了舒适的学习和生活环境。他们可以在美丽的海滩上放松身心、参加各种户外活动，丰富课余生活。同时，马来西亚还拥有丰富的自然资源和文化遗产，学生们可以在课余时间探索这个国家的美丽和多样性。

除了以上优势外，马来西亚国际学校还注重学生的全面发展和社会责任感的培养。学校提供各种社团和组织，如学生会、艺术团体、科学俱乐部等，鼓励学生们积极参与并发挥自己的才能和领导力。这些社团和组织为学生们提供了锻炼自己能力、结识新朋友、熟悉社会、为社会作出贡献的平台。同时，学校还注重培养学生的社会责任感和公民意识，鼓励他们关注社会问题并积极参与公益活动。学生们可以通过参与志愿者工作、社区服务等方式了解社会问题的严重性，并学会为解决这些问题贡献自己的力量。

最后，马来西亚国际学校提供安全稳定的社会环境，让学生和家长无后顾之忧。马来西亚是一个安全稳定的国家，社会秩序良好。政府高度重视教育和学生的安全，为国际学校提供了坚实的安全保障。国际学校通常采取严格的安全措施，如门禁系统、保安巡逻以及视频监控等，确保学生的人身安全。此外，学校还非常注重学生的心理健康和安全教育，致力于为学生提供良好的成长环境。学校设有心理咨询中心，提供心理咨询、辅导服务，帮助学生们解决情绪、情感和心理问题。同时，学校还定期开展安全教育活动和演练，增强学生们的自我保护意识和应对突发事件的能力。在这样的环境中，学生们可以更加专注于学习和成长，而不必担心安全问题。

同时，马来西亚的国际学校为学生提供了广阔的升学渠道和优势。国际学校的学生毕业后通常可以获得国际认可的学历证书，如 IB 文凭、剑桥 A-level 证书等。这些证书在全球范围内被广泛认可，为学生申请世界一流大学提供了有力的支持。许多马来西亚的国际学校与世界知名大学建立了合作关系，为学生提供升学指导和推荐。学生们可以通过学校的合作项目提前了解大学的招生要求和申请流程，从而提高升学的成功率。国际学校注重学生的综合素质培养，提供丰富的课外活动和社团组织。学生们可以通过参加各种活动和社团展示自己的才能和特长，增强大学申请的竞争力。

　　无论是高等教育还是国际学校，马来西亚都凭借卓越的教育资源、多元文化的环境以及安全稳定的社会秩序，为学生提供了理想的学习和成长平台。对于追求高质量教育和国际化视野的学子而言，马来西亚是值得期待的求学目的地。在这里，学生们不仅可以获得优质的学术教育，还可以培养跨文化沟通能力、全球意识和国际竞争力。他们将有机会结交来自世界各地的朋友，探索不同文化的魅力，并为自己的未来发展打下坚实的基础。

三、马来西亚留学环境：多元文化与接轨国际的教育体验

　　随着全球化进程的加速，教育国际化成为各国学生追求自我提升的重要途径。作为东南亚地区的重要教育中心，马来西亚凭借其友好的留学政策、多元文化的学术氛围、全面发展的教育体系以及注重全球视野和创新能力的培养，吸引着越来越多的国际学生。

（一）友好的留学政策

　　马来西亚政府高度重视教育，将其视为国家发展的重要支柱，并积极为留学生营造优质的留学环境。这种重视首先体现在留学签证的高效便捷办理上。与一些国家繁琐复杂的签证流程相比，马来西亚的留学签证办理程序相对简单快捷。留学生只需按要求准备齐全相关材料，通过规范的申请流程，通常能在较短时间内顺利获得签证。这一优势为留学生节省了大量时间和精力，使他们能更加从容地规划留学之旅，无需在签证问题上过度焦虑和担忧。

其次，马来西亚的学费和生活成本相对低廉。与众多发达国家高昂的留学费用相比，马来西亚的留学成本极具吸引力。无论是公立大学还是私立院校，学费都较为亲民，使得更多学生，尤其是来自中低收入家庭的学子，有机会接受高质量的国际教育，而不会因经济压力被迫放弃留学梦想。生活费用方面，马来西亚的物价水平相对合理，学生们可以在不花费过多资金的情况下满足日常生活需求。从住宿到饮食，从交通到娱乐，各项费用都在学生可承受范围之内。这种经济上的优势使留学生们能更加专注于学业，无需为生活费用分心。

为了进一步鼓励留学生努力学习和创新实践，马来西亚政府还设立了涵盖多个学科领域和不同学业阶段的奖学金和助学金。这些资助项目为优秀的留学生提供了有力的经济支持。奖学金不仅是一种物质奖励，更是对学生学术成就和努力付出的高度认可，激励着留学生们在学业上不断追求卓越。助学金则为面临经济困难的学生提供了及时帮助，使他们能继续留在校园追逐梦想。通过这些奖学金和助学金，马来西亚政府向留学生们传递了一个明确信号：只要有才华、有努力，就不会因经济问题而失去接受优质教育的机会。

马来西亚的留学政策还注重为留学生提供全方位的服务和保障。留学生抵达后，学校会提供周到的迎新服务，帮助他们尽快适应新环境。学校通常会安排专门人员负责留学生事务，解答各种疑问并解决生活和学习中遇到的问题。此外，马来西亚的高校还积极与当地企业和机构合作，为留学生提供实习和就业机会。这种产学研结合的模式不仅有助于留学生将所学知识应用到实际中提高实践能力，还为他们未来的职业发展打下坚实基础。

在留学政策的支持下，马来西亚的教育机构也在不断努力提升自身教育质量和国际竞争力。各大高校积极引进国际先进的教育理念和教学方法，加强师资队伍建设并提高教学设施水平。同时，学校还积极开展国际交流与合作，与世界各国高校建立合作关系，为学生提供更广阔的国际交流平台。通过这些努力，马来西亚的高校在国际上的声誉不断提升，吸引了越来越多留学生前来深造。

马来西亚友好的留学政策为广大留学生创造了宝贵的机会。在这里，留学生们可以以较低的成本接受高质量的教育，享受便捷的签证服务和丰富的奖学金资源，并融入多元文化的社会环境，为自己的未来发展打下坚实基础。无论是追求学术深造还是为未来的职业发展做准备，马来西亚都是一个值得考虑的留学目的地。

（二）多元文化的学术氛围

马来西亚以其丰富多元的文化景观而享誉全球。在这片充满生机与活力的土地上，马来人、华人、印度人等多个民族和谐共生，共同编织出一幅独特而迷人的多元文化画卷。而正是这样的多元文化背景，为留学生们营造了一个无与伦比的学术氛围与学习体验。

踏入马来西亚的大学校园，首先映入眼帘的便是来自五湖四海的学生群体。他们怀揣梦想，怀揣希望，汇聚于此，各自携带着丰富多彩的文化背景和独特经历。在这样一个多元的学习环境中，学生们仿佛置身于一个文化的熔炉之中，不同的语言、习俗和价值观在这里交织、碰撞，绽放出耀眼的光芒。

在这里求学，学生们拥有了宝贵的相互交流与学习的机会。来自不同国家的同学分享着各自家乡的文化传统、历史故事和生活方式，使得彼此对世界的认知更加丰富多彩、全面深入。通过这样的交流，学生们不仅能够领略到不同国家和地区之间的文化差异，更能发现其中的共通之处，从而加深对人类共同价值的理解和尊重。这种多元文化的交流，宛如一把钥匙，为学生们打开了通往广阔世界的大门。

多元文化的交融对学生们的语言能力和跨文化交流能力的提升具有深远影响。在与来自不同国家的同学交往中，学生们有机会接触并学习多种语言，进而提高自己的语言表达和理解能力。同时，跨文化交流也成为他们日常生活不可或缺的一部分。学会尊重文化差异，理解他人观点和行为，以及进行有效的沟通与合作，这些宝贵的技能将伴随他们一生，为他们在全球化时代中脱颖而出奠定坚实的基础。

此外，多元文化的环境还极大地培养了学生们的全球视野和创新精神。当学生们接触到来自不同文化背景的思想和观念时，他们的思维得到了极大的拓展。他们不再局限于单一的视角，而是能够从多个角度审视问题、分析问题。这种全球视野使他们在面对复杂的国际问题和挑战时能够更加从容应对，并提出富有创意和可行性的解决方案。同时，在多元文化的激发下，创新精神也得以蓬勃生长。不同文化的碰撞往往能够激发出新的灵感和创意，学生们在这样的氛围中勇于尝试新的方法和思路，不断挑战自我，突破传统的束缚。

值得一提的是，马来西亚的大学还经常举办各种国际学术会议和文化活动，为学生们提供了一个与国际学术界接轨的广阔平台。这些活动汇聚了来自世界各地的专家学者和学生，展示了全球最前沿的学术动态和研究成果。学生们可以在这里聆听大师们的精彩演讲，与同行们进行深入的学术探讨，拓宽自己的学术视野。通过参与这些活动，学生们不仅能够了解到不同学科领域的最新发展趋势，还能结识来自不同国家的优秀学者和学生，为自己的未来发展积累宝贵的人脉资源。

在文化活动方面，马来西亚的大学更是异彩纷呈。从传统的民族舞蹈表演到现代的艺术展览，从国际美食节到文化讲座，各种活动应有尽有。这些活动不仅为学生们在紧张的学习之余提供了放松和娱乐的机会，更让他们深入了解了马来西亚的多元文化。学生们可以亲身参与到这些活动中，感受不同文化的魅力，增进对不同民族的理解和尊重。

马来西亚的多元文化学术与学习氛围如同一座宝藏，等待着留学生们去挖掘和探索。在这里，他们将收获知识、友谊、成长和难忘的回忆。无论是在学术上的追求还是个人的成长发展，马来西亚都为留学生们提供了一个理想的舞台。在这个充满活力和机遇的国度里，留学生们将开启一段精彩的人生之旅，为自己的未来书写辉煌的篇章。

（三）注重全面发展

马来西亚的留学体验不仅局限于课堂教学，还重视学生的全面发展。丰富的自然景观和历史文化遗迹为学生们提供了独特的学习和生活体验。

在紧张的学习之余，学生们拥有充足的机会去游览这些令人心驰神往的地方。从古老的马六甲古城，那里保存着众多殖民时期的建筑，见证着马来西亚的历史变迁；到兰卡威那碧海蓝天、白沙细腻的美丽海滩，让人仿佛陶醉在大自然的怀抱中；再到槟城街头那充满艺术气息的壁画，展现着当地的独特风情。通过实地走访这些地方，学生们能够亲身感受马来西亚的历史底蕴和文化魅力，深入了解不同民族的传统习俗和生活方式。这种亲身体验式的学习，比书本上的知识更加生动、深刻，极大地拓宽了学生们的视野。

同时，马来西亚作为国际组织和跨国公司的聚集地，为学生们提供了难得的实践机会。通过实习和志愿者活动等方式，他们可以与这些组织和公司亲密接触，深入了解国际社会的运作模式，学习先进的管理经验和专业技能。与来自不同国家和地区的同事合作，还能锻炼他们的跨文化沟通能力和团队协作能力。无论是参与国际人道主义援助项目，还是为当地社区提供服务，都能让学生们更加了解国际社会的发展趋势和需求，为他们未来的职业发展和人生规划积累宝贵的经验。

而在马来西亚的大学里，丰富多彩的社团和俱乐部活动更是为学生们的全面发展提供了广阔的舞台。这些社团和俱乐部涵盖了音乐、体育、艺术、科技等各个领域，满足了不同学生的兴趣爱好和特长发展需求。在音乐社团里，热爱音乐的学生们可以一起排练、演出，分享对音乐的热爱和感悟；体育社团则是运动健儿们的天堂，无论是足球、篮球还是羽毛球等项目，都能让学生们在挥洒汗水的同时，磨炼出健康的体魄和顽强的意志；艺术社团为有艺术天赋的学生提供了展示自我的平台，绘画、雕塑、摄影等艺术形式在这里绽放光彩；科技社团则紧跟时代的步伐，探索前沿科技领域，学生们可以在这里参与科技创新项目，学习编程、机器人技术等。

学生们可以根据自己的兴趣自由选择加入这些社团和俱乐部。在这个过程中，他们不仅能够结交志同道合的朋友，还能在团队合作中提高自己的沟通能力、协调能力和领导能力。共同为了一个目标而努力奋斗的经历，将让他们学会倾听他人的意见，发挥自己的优势，共同克服困难。这种团队合作的经验将对他们的未来产生深远的影响，无论是在学术领域还是职场生涯中，都将成为他们宝贵的财富。

此外，通过参与社团和俱乐部活动，学生们还能够培养自己的组织能力和领导才能。担任社团干部的学生需要负责组织活动、协调成员关系、管理社团资源等，这些经历将锻炼他们的领导能力和决策能力。在领导团队的过程中，他们学会了承担责任、激励他人、解决问题，为未来的职业发展打下坚实的基础。

（四）培育全球视野与创新精神

马来西亚的教育体系独具特色，致力于培养学生的全球视野、创新精神和创业实践能力，成效显著。

在教学过程中，马来西亚的教师们扮演着至关重要的引导者角色。他们密切关注国际热点问题和前沿技术动态，巧妙地将这些内容融入日常教学中。通过课堂讲解、案例分析和小组讨论等多种方式，引导学生深入思考国际局势的变化、新兴技术对社会的影响等，逐步培养学生的全球视野。这种全球视野的培养不仅让学生了解世界，更让他们具备在国际舞台上竞争的能力。教师鼓励学生对比不同国家的应对策略，分析前沿技术在全球范围内的应用前景，使学生能够站在更高的角度看待问题，提升国际竞争力。

同时，学校高度重视学生的创新实践。为了支持学生的创新项目和创业计划，学校积极提供各种创新平台和资源。现代化的实验室配备先进的仪器设备，为理工科学生的科技创新提供坚实的硬件基础；创意工作室则为艺术设计等专业的学生提供发挥想象力的空间。学校还设立专项创新基金，鼓励学生大胆提出创新想法，并给予资金支持以将其付诸实践。此外，学校组织各类创新竞赛，邀请行业专家担任评委，为学生提供展示创新成果的舞台，并给予丰厚的奖励和荣誉，进一步激发学生的创新热情。

马来西亚的大学还注重国际交流项目和合作研究项目，为学生提供更加广阔的学习和发展空间。学生们可以通过这些项目，与来自不同国家和地区的学生和教师合作，扩大自己的知识面并为共同解决全球性问题贡献力量。在这个过程中，学生们面临文化差异带来的挑战，但也正是这种差异成为培养跨文化交流能力的绝佳机会。通过与不同文化背景的人沟通合作，学生们学会尊重和理解他人的观点和习惯，提高自己的语言表达和沟通技巧。团队合作能力也在这个过程中得到极大锻炼，学生们学会分工协作、发挥各自优势，共同朝着解决全球性问题的目标努力。同时，不同思维方式的碰撞也常常激发创新精神，学生们从他人身上学习新的思考角度和解决问题的方法，不断拓展自己的思维边界。

此外，马来西亚的大学还将培养学生的创业精神和实践能力作为重要任务之一。学校精心开设创业课程，涵盖创业基础知识、商业计划书撰写、市场营销策略等内容，通过理论教学与实际案例分析相结合的方式，让学生了解创业的全过程和关键环节。同时，实践项目也是创业教育的重要组成部分。学校与企业合作建立了很多创业孵化基地，为学生的创业项目提供环境、场地、资金、技术等方面的支持，并邀请企业家和创业者来校演讲和指导，分享他们的创业经验和故事，为学生提供宝贵的建议和启示。这些举措为学生将自己的创新想法转化为实际的创业项目创造了良好的条件，使他们能够在实践中不断成长和进步，为社会创造价值。

马来西亚的教育通过多种方式、多种实际行动培养学生的全球视野、创新精神、社会适应能力和创业实践能力，为学生的未来发展奠定了坚实的基础。在这个全球化的时代，具备这些能力的学生将更有竞争力，更能适应社会的发展需求，为推动世界的进步贡献自己的力量。

四、马来西亚对中国留学生的吸引力

近年来，随着中马两国关系的不断深化以及"一带一路"倡议的推进，马来西亚对中国留学生的吸引力不断提升。得益于友好的政策环境、文化的深层连接、教育国际化的多元发展以及未来职业发展的优越机遇，马来西亚已成为越来越多中国学生的重要留学目的地。

马来西亚留学政策对中国留学生产生了诸多积极影响，主要体现在签证与出入境、学习与教育以及生活与就业等多个方面。这些政策的实施不仅简化了留学手续，还为中国留学生提供了更广阔的学习和发展平台，让他们在汉语、英语两方面都能得到充分的提升和应用。

在签证与出入境方面，马来西亚对中国留学生实施了免签证入境措施，如 2023 年 12 月 1 日起实施的 30 天免签证入境政策。这一政策的实施大大简化了签证手续，缩短了决策周期，减少了出行的顾虑，使中国留学生能够更快捷地进入马来西亚。同时，免签证政策的实施也吸引了更多中国学生前往马来西亚留学，为留学生提供了更多的学术和社交机会，促进了中马两国之间的文化交流。

在文化方面，马来西亚是世界上中华文化保存最完好的地区之一，华人占总人口的比例较高，无论是节日庆祝、语言环境还是饮食习惯，都让中国留学生倍感亲切和熟悉。马来西亚的高校也注重汉语教学，为留学生提供汉语课程和文化交流活动。这种文化共鸣有助于学生更快适应海外生活。同时，马来西亚的高校聚集了来自全球多个国家和地区的学生。在多民族、多语言、多宗教的文化交汇点上，中国留学生不仅能深入了解马来、印度等文化，还能与来自欧美及其他东南亚国家的学生共同学习、交流思想，拓宽国际视野。

在学习与教育方面，马来西亚的高校与众多欧美、澳洲等国的大学有合作，提供双联课程。中国留学生可以先在马来西亚学习，再去合作院校继续深造 1～2 年，毕业后获得世界顶尖名校颁发的学位证书。这种方式为中国留学生提供了更广阔的学习平台和国际教育资源，增加了获得高质量教育和国际认可学位的机会。同时，英语作为马来西亚的官方用语之一和教学语言之一，为中国留学生提供了良好的英语学习环境。在马来西亚，中国留学生不仅可以接受全英文授课，提升自己的英语水平，还能在日常生活中频繁使用英语进行交流，从而更快地提高自己的英语听说读写能力。这样的环境对于中国留学生来说是非常有利的，可以让他们在汉语、英语两方面都得到充分的提升和应用。

在生活与就业方面，马来西亚允许中国留学生在课余时间做临时工，一周不超过 20 小时。留学生可以通过勤工俭学的方式来减轻自己的经济负担，同时也能积累一定的社会和工作经验。此外，马来西亚还推出了"第二个家"的新移民政策，放宽了外国留学生移民马来西亚的范围与标准。同时，随着中马两国之间贸易往来和合作的不断加深，将有更多的马来西亚企业和机构需要与中国进行合作，留学生们将有更多机会参与到这些合作项目中，提高自己的职业素养和能力。马来西亚的毕业生通行证政策也为中国留学生在毕业后提供了一年额外签证，增加了他们在当地实习和就业的机会，提升了就业竞争力。

　　除了以上方面的优势外，中马两国在教育领域的合作也在不断加强。双方教育机构签署了关于质量保证和学历学位认证的谅解备忘录，探索建立协调机制，加强高等教育质量标准信息共享，共同解决学历学位认证中出现的问题。这一合作为中国留学生的学历认证和学术发展提供了更有力的保障。

　　马来西亚对中国留学生的吸引力来源于其独特的文化背景、国际化的教育模式、实惠的留学成本以及广阔的职业发展机会。无论是希望通过留学拓宽国际视野，还是寻求与中国经济增长相匹配的职业发展路径，马来西亚都能为中国学生提供一个理想的平台。在"一带一路"倡议的推动下，马来西亚对中国留学生的吸引力将持续增强，成为区域内国际教育的重要一环。

昌明盛世
——一个让人流连忘返的国家

当我们缓缓合上这本关于马来西亚的书籍，心中满溢着对这个国家的深深眷恋与无尽赞叹。马来西亚，犹如一颗在文明浩瀚星空中璀璨升起的新星，散发着无与伦比的独特魅力与迷人光芒。

一、"昌明大马"下的幸福华章

在"昌明大马"的盛世光辉映照下，马来西亚人民的幸福指数持续攀升。整个社会洋溢着蓬勃的生机与和谐稳定的氛围。这种幸福不仅源于物质生活的富足，更扎根于精神世界的充实与满足。

马来西亚的医疗服务体系卓越，政府大力投入，打造现代化的医院和完备的医疗设施。从先进的诊断设备到舒适的病房环境，每一个细节都彰显着对患者的关怀。医疗团队专业且富有责任心，无论是常见疾病还是复杂病症，都能迅速响应，提供精准有效的医疗方案。在偏远的乡村地区，流动医疗车和基层医疗站点的设立，确保了每一位居民都能享受到基本的医疗服务。完善的医疗保障制度为人民的健康生活筑牢了坚固的防线。

教育领域同样是马来西亚的骄傲。从幼儿园到高等学府，马来西亚构建了一套完善且多元的教育体系。政府高度重视教育质量，持续加大投入。学校配备先进的教学设施，师资力量雄厚，注重学生综合素质的培养。在这里，学生们不仅能够汲取扎实的专业知识，还能充分培养创新思维和实践能力。多元文化的环境赋予学生广阔的国际视野，让他们在学习过程中领略不同文化的独特魅力，学会尊重和包容。马来西亚的教育为国家培育了大量优秀人才，为经济的发展和社会的进步注入了源源不断的强劲动力。

社会保障体系就如同一个温暖的怀抱，给予人们安心与依靠。政府建立了全面而完善的社会保障制度，涵盖养老保险、失业保险、医疗保险等各个方面。这些制度在人们遭遇困难时能够及时伸出援手，提供有力的支持和帮助。同时，政府积极推动社会福利事业的发展，让每一个人都能深深感受到社会的温暖与关怀。在马来西亚，人们生活得更加安心、幸福，对未来充满了坚定的信心。

二、和谐之美的绚丽画卷

马来西亚的和谐之美，宛如一幅绚丽多彩、令人陶醉的巨幅画卷。

原始之美：自然的璀璨瑰宝。马来西亚的自然风光保存得极为完好，广袤无垠的原始森林是大自然慷慨的馈赠。踏入其中，仿佛瞬间踏入一个神秘的奇幻世界。高大的乔木、清澈的河流、壮丽雄浑的瀑布，共同奏响着自然的灵动乐章。在这里，人们远离了城市的喧嚣和污染，尽情地感受大自然的宁静与美丽，心灵得到深度的洗礼和慰藉。

原生特色：多元文化的盛大盛宴。多元文化在马来西亚巧妙地融合，形成了独具魅力的原生特色。马来人、华人、印度人等众多民族和谐共生，共同编织出一幅丰富多彩的社会画卷。不同文化的碰撞与融合不仅丰富了马来西亚的文化内涵，更让人们深刻感受到人类文化的博大精深和无穷魅力。在这里，人们可以尽情参与各种文化活动，亲身体验原生的生活方式和价值观。

原味风情：美食的诱人诱惑。马来西亚的美食以其独特的口味和丰富的种类而闻名。马来人的辣味料理、华人的精致点心、印度人的香气扑鼻的咖喱等，都让人回味无穷。美食不仅仅是满足口腹之欲的享受，更是一种深刻的文化体验。通过美食，人们可以深入了解不同民族的生活方式和价值观，真切感受他们的热情与智慧。

舒适放松：生活的至真真谛。马来西亚的生活节奏相对较慢，人们更加注重家庭和社交生活。温馨的家庭聚餐、欢乐的朋友聚会、热闹的社区活动，处处充满着关爱与分享。这种生活方式让人感受到一种极致的放松和舒适，仿佛回到了儿时的无忧无虑时光。人们可以放下所有的压力和烦恼，真正地享受生活的美好。

三、价值文明的璀璨光芒

价值文明在马来西亚熠熠生辉，成为这个国家独特魅力的重要体现。

多元文化融合：开放包容的价值观。马来西亚的多元文化融合不仅仅是一种现象，更是一种深刻价值观的生动体现。在这里，不同民族和谐共生，共同创造了丰富多彩的社会画卷。人们学会了尊重和欣赏不同的文化，拥有开放包容的心态。这种开放包容促进了思想的碰撞和创新的产生，让马来西亚在全球化的时代中保持了自身的特色和优势。

传统与现代交织：传承与创新的完美平衡。马来西亚的传统价值观在现代社会中依然发挥着重要作用。家庭观念浓厚，人们珍视家庭的温暖和团结。注重礼仪是一种修养，人们在日常生活中注重言谈举止的得体和优雅。与此同时，马来西亚积极拥抱现代文明，高度重视教育、科技与创新。传统与现代的紧密交织，铸就了马来西亚独特的文化景观。

四、全球价值链的新枢纽

马来西亚在经济发展和供应链重构方面展现出巨大的潜力和机遇。

经济发展的多元动力。马来西亚拥有丰富的自然资源，如石油、天然气、橡胶等，为国家的经济发展提供了重要支撑。同时，马来西亚积极发展制造业、服务业等产业，不断提升产业附加值。在制造业方面，马来西亚在电子、汽车、机械等领域具有一定的竞争力。服务业方面，旅游业、金融服务业、物流服务业等蓬勃发展。此外，马来西亚还注重科技创新和数字经济的发展，为经济的可持续发展开辟了新的道路。

供应链重构的战略地位。在全球供应链重构的大背景下，马来西亚凭借其优越的地理位置、完善的基础设施和丰富的人力资源，成为重要的供应链节点。马来西亚积极参与全球供应链重构，加强与周边国家和地区的合作，提升自身在全球供应链中的地位和竞争力。

五、世界文明新星

马来西亚作为世界文明星空中一颗璀璨的新星，以其独特的魅力和价值为世界文明的发展作出了重要贡献。

多元文化的瑰宝。马来西亚的多元文化融合是世界文明的一大瑰宝。这种多元文化的融合不仅丰富了马来西亚自身的文化内涵，也为世界文化的多样性作出了贡献。马来西亚为世界各国提供了一个良好的范例，展示了不同文化之间可以通过交流与合作实现共同发展和进步。

自然与生态的守护者。马来西亚拥有丰富的自然资源和美丽的自然景观，同时也非常注重自然与生态的保护。政府和民众共同努力，采取了一系列有效的措施保护着这片土地上的自然生态环境。马来西亚在自然保护方面的努力为世界生态文明建设提供了有益的经验和借鉴。

经济发展的新动力。马来西亚在经济发展方面的成就也为世界经济的发展注入了新的动力。马来西亚积极参与全球经济合作，加强与各国的贸易往来和投资合作。同时，马来西亚注重科技创新和产业升级，不断提升自身的经济竞争力。马来西亚的经济发展模式为其他发展中国家提供了一个可以借鉴的样本。

文明交流的桥梁。马来西亚作为一个多元文化的国家，也是不同文明之间交流的桥梁。马来西亚积极开展与各国的文化交流活动，促进不同文明之间的对话与合作。马来西亚在文明交流方面的积极作用为世界文明的交流与融合作出了贡献。

六、一个让人流连忘返的国家

马来西亚是心灵的诗意栖息地，更是一个让人流连忘返的国家。

自然之诗：心灵的宁静港湾。热带雨林、海岛、高山等自然景观构成了一幅幅美丽的画卷。漫步其中，人们可以感受大自然的呼吸，聆听鸟儿歌唱，融入神奇的世界。在这里，人们找到心灵的宁静，领悟与大自然和谐共处的秘诀。

文化之诗：多元的魅力绽放。马来西亚是多元文化交汇之地。多个民族和睦共处，共同创造了丰富多彩的社会。在这里，人们可以品尝地道美食，欣赏文化表演，感受多元文化魅力。不同文化的融合与碰撞让这里充满了艺术的灵感和创新的活力。

生活之诗：温暖的人间烟火。马来西亚的生活充满了温暖和感动。温馨的家庭聚餐、欢乐的朋友聚会、热闹的社区活动等都让人们感受到人与人之间的关爱和情谊。这里的生活节奏缓慢，让人们有更多的时间去品味生活的美好。在马来西亚，人们可以尽情享受生活的乐趣。

马来西亚这个国度有着一种难以言喻的魅力，让人一旦踏入便深深沉醉其中。这里的每一处风景、每一种文化、每一份人情都如同无形的丝线紧紧地缠绕着人们的心灵。它是生命中最美的邂逅，是心灵永远的归宿。在这里人们找到了生活的真正意义和价值，找到了内心深处的宁静与幸福。

未来，无论走向何方，我们都会将马来西亚的美丽与诗意珍藏心底，传扬它的故事，让更多人了解它的魅力与价值。相信在未来的日子里，马来西亚会更加美丽繁荣，成为世界上更加璀璨的明珠。

亲爱的朋友，让马来西亚的诗意与美好触动你的心灵，让你的旅程成为永恒回忆。在这里找到内心宁静与力量找到生活的意义与价值。在"昌明大马"的盛世引领下，在和谐之美的滋养下，在价值文明的照耀下，在经济发展和供应链重构的机遇中，马来西亚必将绽放出更加耀眼的光彩，为人类文明的进步作出更大的贡献。

马来西亚，让我以一首小诗来结束这篇抒情之作吧：

情系大马

南洋之畔马来亚，文明绚丽映朝霞。

昌明大马幸福地，风暖人和气象华。

原始森林生趣盎，清流映日画廊长。

多元文化和谐美，美食情韵味难忘。

生活悠然心自在，社交温暖乐无疆。

此景此情终难忘，马来西亚永留芳。

参考文献：

1. 安瓦尔·易卜拉欣. 昌明大马 [M]. 闫立金，译. 北京：电子工业出版社，2024.

2. 闫立金. 价值文明：数字技术革命与人类命运共同体 [M]. 北京：电子工业出版社，2024.